아이와 엄마가 함께 접는
행복한
종이접기

아이와 엄마가 함께 접는
행복한
종이접기

1판 1쇄 인쇄 | 2015년 7월 22일
1판 1쇄 발행 | 2015년 7월 28일

지은이 김남희, 김향규, 윤선옥, 이명신
기획&디자인 상 컴퍼니
감수 (사)한국종이접기협회
펴낸이 김기옥

실용본부장 박재성
편집 류인경, 이나리
영업 김선주
커뮤니케이션 플래너 허신애
지원 고광현, 김형식, 임민진

인쇄·제본 (주)상지사P&B

펴낸곳 한스미디어(한즈미디어(주))
주소 121-839 서울시 마포구 양화로 11길 13(서교동, 강원빌딩 5층)
전화 02-707-0337 | 팩스 02-707-0198 | 홈페이지 www.hansmedia.com
출판신고번호 제 313-2003-227호 | 신고일자 2003년 6월 25일

ISBN 978-89-5975-852-4 13600

책값은 뒤표지에 있습니다. 잘못 만들어진 책은 구입하신 서점에서 교환해 드립니다.

아이와 엄마가 함께 접는

행복한
종이접기

김남희 · 김항규 · 윤선옥 · 이명신 지음

한스미디어

추천사

온 가족이 함께 종이접기의 매력에 빠져 보세요.

예로부터 종이는 우리 곁에 가까이 있던 가장 친숙한 소재입니다.
인류가 종이를 발명하여 사용하게 된 시점부터 종이는 다양한 곳에서 활용되었고, 우리나라에서도 색지, 지승, 지호, 지화를 비롯하여 복주머니, 종이 지갑, 지방 접기 등 선조들의 생활 속에서 사용된 흔적을 쉽게 찾아볼 수 있습니다.
독일 유아 교육의 창시자인 프뢰벨의 유치원 교육 과정에서 선보인 종이접기의 영향으로 유치원이나 어린이 교육에서 종이접기가 널리 보급되었고, 26년 전 (사)한국종이접기협회의 창립과 더불어 우리나라 교육 현장에서 종이접기가 본격적으로 활성화되었습니다. 초기에는 주로 아이들의 놀이 교육으로 인식되던 종이접기가 이제는 다양한 응용과 재료의 선택으로 생활 공예의 한 영역으로 자리 잡았습니다.
종이접기가 종이 공예 혹은 종이 조형으로 불리면서, 손쉽게 접근하여 기대 이상의 만족감을 얻을 수 있는 공예 활동으로 남녀노소 모두에게 사랑받고 있는 이 시점에 온 가족이 함께할 수 있는 종이접기 책이 출간되어 기쁘게 생각합니다.

《아이와 엄마가 함께 접는 행복한 종이접기》에는 종이접기 교육 현장에서 20년 이상 활동해 오신 네 분의 다양한 작품이 담겨 있습니다. 작가마다 특색 있는 색깔로 접근해 독특한 분위기를 느낄 수 있으며, 재미있고 풍성한 내용으로 가득합니다.

한 작품, 한 작품씩 아이와 함께 접으면 소소한 일상에서 나눌 수 있는 멋진 추억도 함께 만들 수 있습니다. 아울러 종이접기를 통해 얻을 수 있는 교육적인 요소들도 습득할 수 있습니다.

그동안 많은 종이접기 관련 책들이 출간되었지만 온 가족이 함께 참여할 수 있는 다양하고 알찬 내용의 책을 찾기 어려웠습니다. 이 책은 초보자도 쉽게 따라할 수 있는 친절한 설명, 실용적인 작품으로 종이접기 마니아들의 필독서가 될 것이라 확신합니다.

이번 주말, 가족과 함께 종이접기의 매력에 빠져 보시기 바랍니다.

(사)한국종이접기협회
회장 오 경 해

작가의 말

● 종이접기라는 신세계를 만나 들뜬 마음에 정신없이 종이를 접던 시절이 있었습니다. 그때 '열정'을 가르쳐 주셨던 선생님이 계셨고, 함께 종이를 접던 동료가 있었고, 이후 아이들을 지도하면서 쌓은 여러 경험이 있었습니다. 그랬기에 가능했던 이 작업들이 한 권의 책으로 결실을 맺었습니다.
바느질이 '한 땀 한 땀' 모여 원하는 모양이 새겨지고 만들어지듯 종이접기는 '한 선 한 선'을 접으며 형태를 만들어 갑니다. 정사각형의 종이를 들고 한 선 한 선 접어 갈 때마다 밋밋했던 종이는 눈망울을 반짝이는 생명체가 되었고, 살고 싶은 동화 속 집이 되었고, 소중한 사람에게 주고 싶은 선물이 되기도 했습니다. 계절을 한 번 보내고 맺은 이 결실 앞에 그동안 쏟았던 열정과 노력이 저를 성장시키는 새로운 밑거름이 된 것 같습니다.
함께 작업했던 저자 선생님들과 작업 기간 동안 애써 주셨던 협회 관계자 분들께 감사드립니다. 언제나 든든한 남편과 사랑하는 딸에게도 감사함을 전합니다.

김남희

● 종이접기를 시작한 지 20년이 넘었습니다. 그렇게 긴 시간을 해 왔음에도 머리말에 적을 말이 마땅치 않습니다. 그것은 아마도 노력이나 경험이 적어서가 아니라 그만큼 '책을 낸다'는 것이 쉽지 않은, 더더욱 많은 시간과 노력이 필요한 작업이라고 생각합니다.
이 책은 20년의 시간 동안 종이를 접고, 또 새로운 것을 연구하면서 느낀 즐거움과 행복을 가족들이 함께 공감할 수 있으면 좋겠다는 작은 소망에서 출발했습니다. 기계로 찍어내는 것이 아닌, 누구나 쉽게 직접 손으로 만들어 사용할 수 있는 작품이 되었으면 합니다.
색종이뿐만 아니라 다양한 종이로도 만들어서 사용하고, 또 정성을 담아 만든 작품을 소중한 사람에게 선물할 수 있기를 바랍니다.
또 스승님, 여러 선생님들, 제자들과의 추억이 새록새록 떠오르면서 종이접기를 통해 인연을 맺은 소중한 모든 분들께 감사를 드리고 싶습니다.
마음껏 종이접기를 하도록 해 준 가족들에게도 이 책으로 고마움을 전합니다.

김항규

●

아이들에게 가르쳐 보겠다는 욕심으로 종이접기를 시작한 지 벌써 20년. 더 많은 작품을 배우고 연구해 보고 싶어 시작한 종이접기연구회 활동이 18년째 계속되고 있습니다.

새로운 접기에 즐거워하고 어려운 것을 배우고 만들어내며 스스로 성취감을 느끼는 아이들의 모습, 누구에게 선물할지 또 어떤 것을 만들어 집을 예쁘게 꾸밀지 고민하는 어머니, 아버지들의 행복한 모습은 제가 오랫동안 종이접기와 놀며 더더욱 손을 놓을 수 없었던 이유입니다. 연구회 활동을 오래도록 하면서 연구자로서 무언가 남기고 싶은 소망이 있었고, 학교와 문화 센터 수업을 준비하면서 만들었던 많은 자료들이 소중하고, 우리들만 알고 있기에 아쉬운 마음이 들어 책으로 엮게 되었습니다. 아울러 다른 많은 분들과도 같이 나누면 좋겠다는 생각입니다.

어쩌면 잊힐 수 있었던 이 자료들을 세상에 내놓을 수 있도록 매일 고생하며 도와주신 많은 분들께 감사드립니다. 이 책이 전국에서 수업하시는 많은 선생님들께 좋은 자료가 되기를 바라며, 연구회 활동하는 모든 선생님들께는 더욱 열정을 가지고 창작을 불태우실 수 있는 점화의 순간이 되기를 소망해 봅니다.

윤선옥

●

종이접기 과정 하나하나에 정성을 들이고 때론 마음 같지 않아 고뇌하고 절망하기도 하지만 작품이 완성될 때 기쁨은 종이접기를 사랑하는 사람이라면 한 번쯤은 느꼈을 감정이라고 생각합니다.

"오늘 우리가 접은 물고기는 각자의 아기니까 집에 데리고 가서 잘 돌봐줘요~"라고 말하면 까르르 웃음 소리와 함께 "나도 동생이 생겼다"라는 아이도 있고, "물 먹이면 젖을 텐데" 걱정하는 아이도 있고, 저마다 상상의 나래를 펴는 아이들은 종이접기를 통해 사물을 사랑하는 방법을 배우고 또 서로 도와 작업하는 과정을 통해 사람을 사랑하는 방법을 배우게 됩니다.

이렇게 아이들과 종이접기를 통해 소통하면서 제 작품에 감탄을 아끼지 않는 아이들에게 힘을 얻어 즐거운 마음으로 새로운 작품을 창작하는 일에 집중할 수 있었습니다.

이번에 소개되는 작품들은 그 일부분으로, 작품 하나하나가 필자와 종이접기 시간을 함께한 아이들의 교감으로 만들어진 분신입니다.

이 작품들을 통해 여러분도 행복을 느껴 보시기 바랍니다.

이명신

CONTENTS

추천사 04

작가의 말 06

기본 접기 방법 010

도구 및 재료 012

PART 1. 아이가 접는 종이접기

배 접시 020
귀여운 강아지 1 022
귀여운 강아지 2 024
동물 전화기 027
꽃 바람개비 030
사탕 액자 033
하트 메모 꽂이 035
돼지 슬리퍼 038
사탕 집 040
하트 가방 045
리본 가방 048
꽃게 051
물고기 모빌 054
곰돌이 고미 056
고양이 미요 059
메모 꽂이 꽃 062
나비와 튤립 065
앉아 있는 소녀 069
인형 상자 071
문구 왕국 수납 꽂이 074
팽이 077
다람쥐 다트판 079
곰돌이 메모판 083
자동차 부릉이 087
서 있는 산타클로스 090
산타 바구니 093

PART 2. 아이와 함께 접는 종이접기

귀여운 소녀   098
모빌   102
문양 부채   105
벽걸이 장식 액자   108
시계 집   110
거울 서랍장   114
My car 스프링 인형   118
집 화단   121
네잎꽃   123
하우스 다용도 걸이   126
산책하는 소녀   129
리본   132
해바라기 시계   135
메모 홀더 꽂이   138
공 접기를 이용한 동물 놀이   141
유니트 딱지 접기   144
동물 명함 꽂이   147
신년 카드   149
복조리   152
육각 문양 상자   155
한 장 상자   158
밸런타인데이 선물 상자   161
카네이션   164
×-mas 리스   167
×-mas 카드   170
×-mas 트리   173

PART 3. 엄마가 접는 종이접기

엄마가 꾸며 주는 내 아이 생일 파티   178
밸런타인 리스   184
부활절 달걀 바구니   186
미니 경대   189
상품권 봉투   193
향기 복주머니   196
전통 떡함   198
×-mas 장식 리스   201
×-mas 선물 가방   203
산타 사각함   205
미니 사진첩   208
휴대 전화 거치대   212
휴지 케이스   214
부케   217
포푸리 모자   219
화병과 꽃   223
수선화   226
선인장   228
연꽃 캔들 홀더   230
전통 문양 책갈피   232
코사지   234
럭셔리 가방   237

작가 창작 리스트   240

기본 접기 방법

접기 기본 기호

다음 기호에 의하여 접는 방법이 표시되므로 기본 기호와 약속을 꼭 기억하세요.

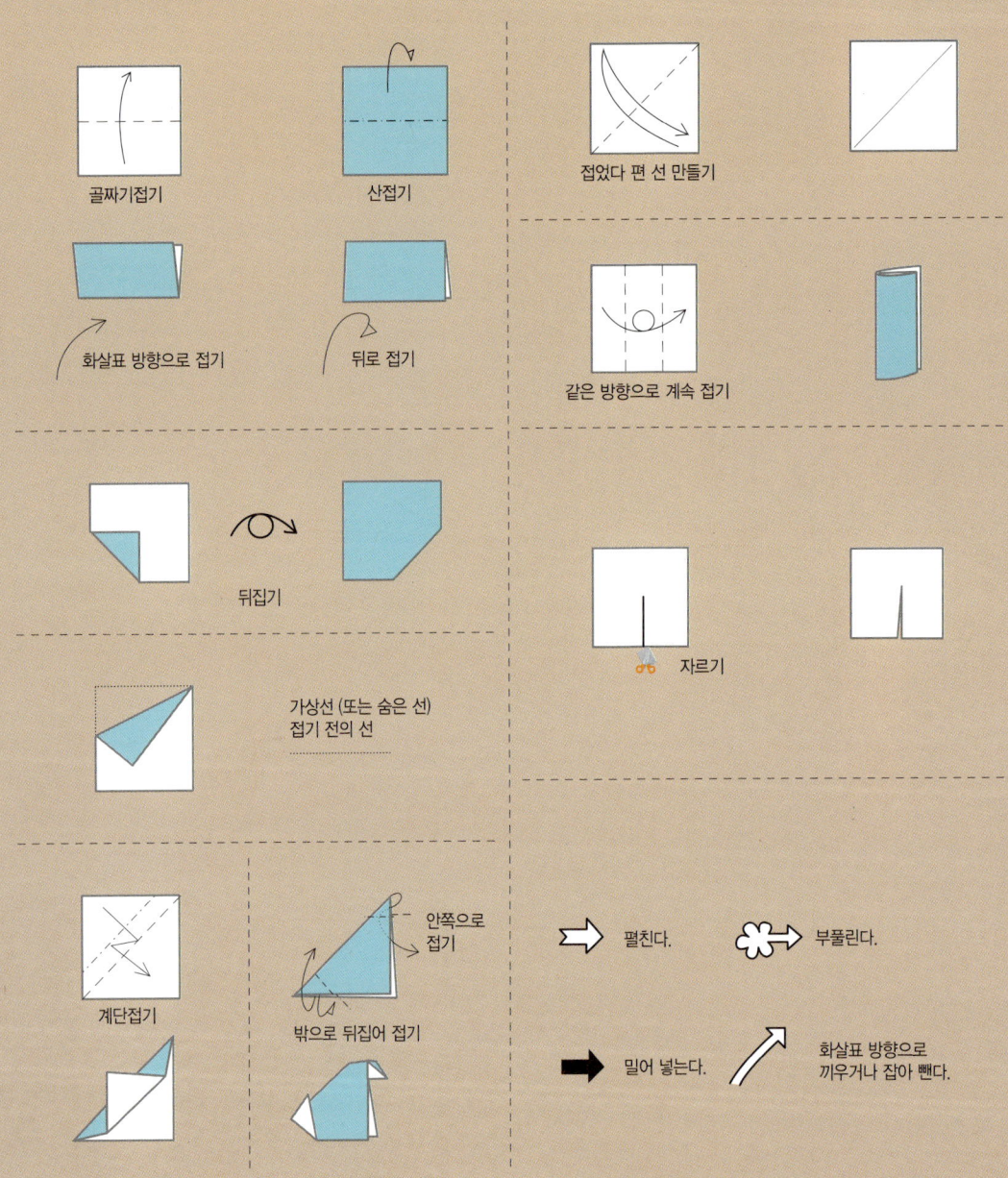

*전승 : 예전부터 이어받아 계승된 종이접기 방식

종이접기 기본형

종이접기의 기본형에는 여러 가지가 있습니다. 그중에서 정사각형의 종이로 접는 기본형에는 아래와 같은 10가지가 있습니다. 삼각접기, 아이스크림접기, 문접기, 방석접기, 고기접기, 쌍배접기, 삼각주머니접기, 사각주머니접기, 학접기, 꽃접기입니다. 아래에 소개된 기본형은 종이접기의 기초 작업이므로 잘 익혀 두시기 바라며, 이 기본형은 여러분이 변형 발전시키는 창조적 작품 활동에 밑거름이 될 것입니다.

❖ 삼각접기 기본형

❖ 아이스크림접기 기본형

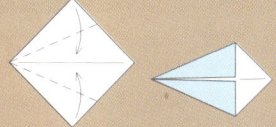

❖ 문접기 기본형

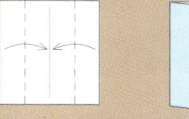

❖ 방석접기 기본형

❖ 고기접기 기본형

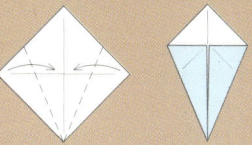 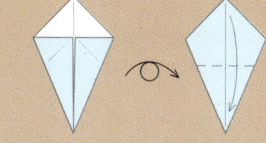 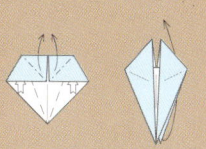

❖ 삼각주머니접기 기본형

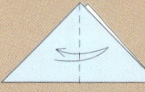 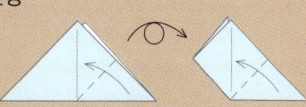 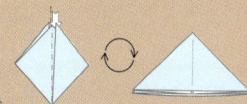

삼각접기 기본형에서 시작하세요

❖ 학접기 기본형

 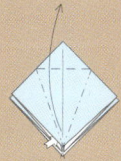 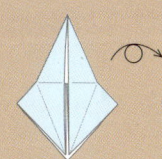 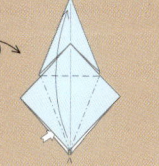 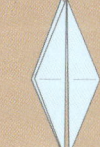

사각주머니접기 기본형에서 시작하세요

❖ 쌍배접기 기본형

 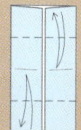   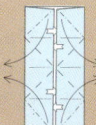 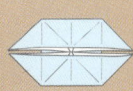

❖ 사각주머니접기 기본형

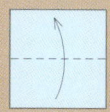 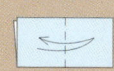 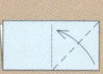 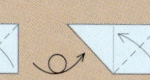 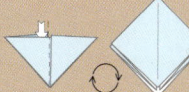

❖ 꽃접기 기본형

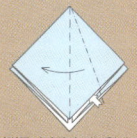  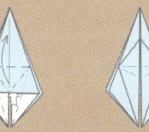 

사각주머니접기 기본형에서 시작하세요   네 곳 모두 같은 방법으로 접으세요   네 곳 모두 같은 방법으로 접으세요

도구 및 재료

종이접기를 시작할 때
가장 기본적으로 필요한 도구에는 어떤 것들이 있을까요?
또한, 다양한 종이접기를 하기 위해서는
포장지 및 다양한 종이류, 부품들이 필요해요.
어떤 종류가 있는지 알아봐요.

도구 알아 보기

1 본드 풀이 잘 붙지 않는 두꺼운 종이나 기타 부재료를 붙일 때 사용한다.

2 딱풀 색종이를 붙일 때 사용하면 좋다.

3 커팅 매트 종이를 자를 때 칼자국이 나지 않도록 바닥에 깔고 사용한다.

4 칼 종이를 자를 때 사용한다.

5 가위 종이를 자를 때 사용한다.

6 자 정확한 치수와 종이를 칼로 자를 때 사용한다.

7 핀셋 섬세한 부분을 접거나 끝 부분을 말 때 편하게 사용한다.

8 양면테이프 다양한 두께로 사용이 편리하고 작품의 완성도를 높여 주며 누구나 손쉽게 사용할 수 있다.

9 글루건 심 글루건을 사용할 때 뒷부분을 끼워 사용한다.

10 글루건 조립하는 과정에서 견고하게 붙이기 위해 사용한다. 빨리 접착되는 장점이 있다.

다양한 색종이 알아 보기

1 **5×5(학접기) 플라망 무늬 색종이** 한 면이 패턴 문양으로 이루어져 있어 꽃이나 문양을 접을 때 주로 사용한다 (10색 100매 구성).

2 **7.5×7.5(소) 플라망 무늬 색종이** 한 면이 패턴 문양으로 이루어져 있어 꽃이나 문양을 접을 때 주로 사용한다 (5색 50매 구성).

3 **15×15 단면, 양면 색종이** 한 면에 색이 있는 색종이(단면 색종이), 양쪽 면에 색이 있는 색종이(양면 색종이)는 일반적인 종이접기에 사용하기 좋다(500 단면 색종이: 16색 20매, 500 양면 색종이: 24색 16매).

4. 5. 6. 7 **양면 무늬 색종이** 한 면은 단색이 있고 다른 한 면이 다양한 패턴으로 이루어져 있어 아이들과 귀여운 모양의 종이접기에 활용하기에 좋다(15×15cm: 12색 24매 구성).

8 **한지 색종이** 한국 고유의 색상인 단청의 색으로 구성된 종이접기 전문가용 한지로 인견 무늬가 한지의 고급스러움을 잘 표현하고 있는 종이다(45×45cm 16매, 30×30cm 16매, 15×15cm 24매).

9 **11.7×11.7 플라망 무늬 색종이** 다양한 패턴의 디자인 문양이 있어서 꽃이나 문양, 모빌 등을 접을 때 주로 사용한다.

기타 포장지류 알아 보기

1 단면 포장지류 한쪽에 모양이 있는 일반 포장지이다.
2 양면 포장지류 양쪽에 서로 다른 색이나 모양이 있어 일반 포장지보다 약간 두툼하다.
3.4 전통 문양 양면 포장지 한 면이 전통 문양으로 되어 있는 양면 포장지이다.
5.6.7.8 귀여운 패턴/문양 양면 포장지 한쪽 면이 아이들이 좋아하는 패턴/문양으로 되어 있는 양면 포장지이다.
9.10 에코클로스 다양한 컬러로 되어 있는 직물 매듭(F 패턴)과 눈꽃 결정(S 패턴)을 연상시키는 독특한 패턴 무늬다.
11.12 가죽지 다양한 컬러와 가죽 느낌의 패턴으로 특별한 장식이 없이도 가죽의 고급스러운 느낌을 살릴 수 있다.
13 타공지 종이에 도트 무늬나 그래픽 패턴으로 타공되어 있어 접어서 방향제로 활용한다(펄타공지도 있음).
14 모시지 모시의 질감을 종이에 그대로 살려 요철감이 있고, 섬세한 표면의 질감이 특징적이다.
15 펄구김지 주름 패턴의 색지에 펄 처리를 하여 세련된 질감을 주는 종이이다.
16 스타드림지 반짝반짝 은색 펄감이 느껴지는 스타드림지는 고급스러운 느낌을 주고 싶을 때 주로 사용한다.
17 펄바둑지 한 면에 펄 처리가 되어 있고 종이 느낌은 바둑판 모양의 엠보싱이 되어 있다.

장식류 알아 보기

1.2 모루 보들보들한 천 속에 철사가 들어 있어 원하는 모양으로 만들어 형태를 유지하기 쉽다. 공예 교육용으로 많이 쓰이며, 다양한 컬러와 두께로 구성되어 있다.

3 장식용 구슬(구슬, 반원 비즈, 장식 별, 은색 구슬) 종이접기 작품의 완성도를 높이기 위해 장식으로 주로 쓰이며 아크릴이나 나무 소재가 많고 컬러나 크기가 다양하게 구성되어 있다.

4 꼬불이 레이스 일반 리본이나 레이스보다 모양이 잘 유지되어 테두리 장식에 주로 쓰인다.

5 장식 구슬줄(원형 구슬줄, 별 구슬줄) 여러 가지 모양의 비즈가 줄로 이어져 있어 하나씩 잘라 낱개로 장식이 가능하고 레이스 대용으로 장식하기도 한다.

6 리본 테이프 포장이나 액세서리에 주로 사용하는 리본이다. 다양한 크기와 소재(공단, 레이스 등)로 종이 작품 장식에 활용 가능하다.

7 리본류 여러 가지 크기와 소재로 구성된 리본으로 뒤에 양면테이프를 붙이면 다양한 장식용으로 사용하기 편리하다.

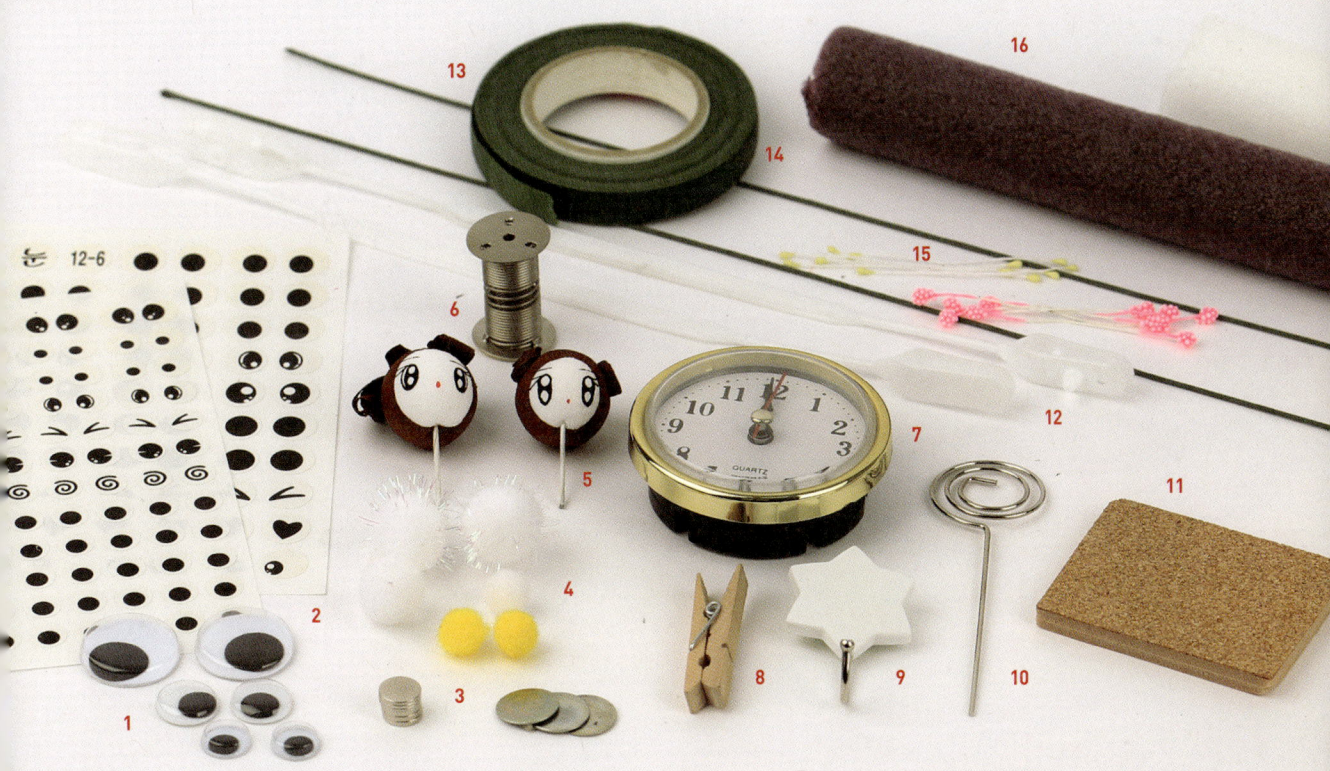

부속류 알아 보기

1 무빙아이 플라스틱으로 만든 인형의 눈으로 속에 검은 눈동자가 움직여 재미있다.

2 눈 스티커 눈 모양의 스티커로 구성되어 있어 다양한 표정을 연출하기에 좋다.

3 ND 자석과 자석판 납작해서 가방이나 상품권 봉투를 열고 닫을 때 편리하다.

4 코볼(뽕뽕이) 동물이나 인형의 코, 모자 장식 등에 사용할 수 있다.

5 인형 머리 종이로 접은 옷에 인형 얼굴을 다양하게 꾸며 장식할 수 있다.

6 스프링 스프링 위에 인형이나 장식 소품을 장식하며, 스프링이 움직일 때마다 소품도 함께 움직인다.

7 원형 시계 원형 모양 시계를 이용하여 벽걸이 시계나, 집 모양 시계로 활용하여 사용한다.

8 나무집게 나무로 만든 집게로 사진이나 사물을 고정시킬 때 사용한다.

9 장식 고리 종이접기 작품에 붙여 다양한 소품 걸이로 사용한다.

10 홀더 꽂이 메모나 명함을 꽂기 위한 장식으로 쓴다.

11 코르크판 메모판이나 사진 등을 압정으로 꽂아 사용한다.

12 가방 손잡이 가방이나 바구니를 만들 때 손잡이로 사용한다.

13 꽃 테이프 꽃과 잎을 꽃 철사에 연결할 때 사용한다.

14 꽃 철사 꽃의 줄기로 사용한다.

15 꽃씨 꽃심을 표현할 때 필요한 만큼 묶어 꽃 철사에 고정시켜 사용한다.

16 백업 화분 속 흙 대신 넣어 종이 꽃을 꽂아 사용한다.

PART 1
아이가 접는 종이접기

배 접시

예쁜 종이로 접어서 사탕이나 쿠키,
작은 소품을 담아 보세요.

종이 크기 ☐ 양면 무늬 색종이 15×15cm 1장

▶ How To... 배 접시

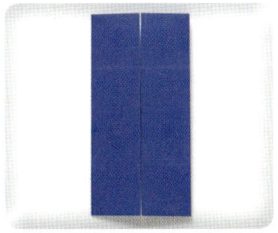
01 문접기에서 시작하고 뒤집어요.

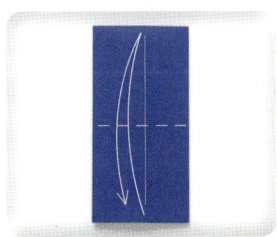
02 반 접었다 펴요.

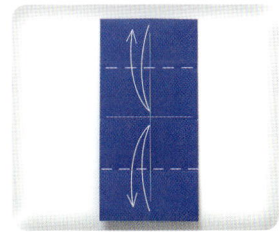
03 중심선에 맞춰 접었다 펴요.

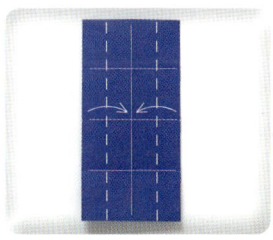
04 중심선에 맞춰 접어요.

05 04의 기호대로 접은 후 06과 같이 뒤집어요.

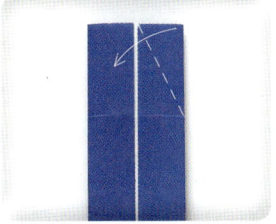
06 끝 부분을 화살표 방향으로 접어요.

07 화살표 방향으로 접어요.

08 나머지도 06~07과 같은 방법으로 접어요.

09 10과 같이 뒤집어요.

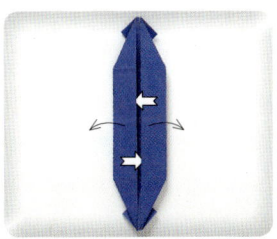
10 안쪽을 벌려 입체로 만들어요.

11 배 접시 완성.

▶ 추가 아이디어!!

20×20cm로 접어 책상 위 흐트러진 문구 용품을 담아 정리해 보아요.

귀여운 강아지 1

어렵지 않게 접을 수 있는 강아지입니다.
친구들과 이야기를 나누며 접어 보세요.

TIP 다리를 만들지 않고 강아지 봉투로 만들어 보세요. 또 15cm 색종이로 작게 접어도 귀여워요.

종이 크기 □ 양면 포장지 25×25cm 1장
기타 재료 □ 무빙아이

▶ How To... 귀여운 강아지

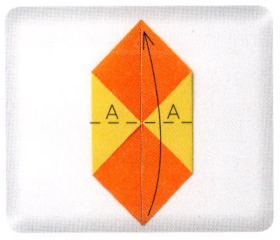

01 양쪽을 삼각접기 후 마주 보게 접고(A부분) 시작해요.

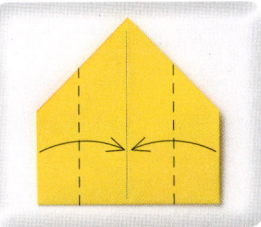

02 중심선에 맞춰 접어요.

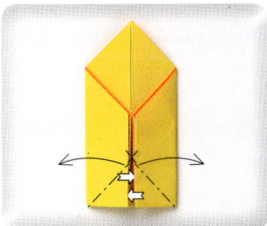

03 펼쳐 눌러 접어요.

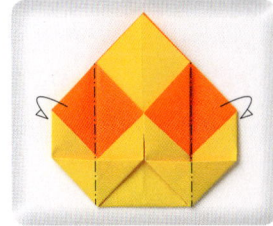

04 선에 맞춰 뒤로 접어요.

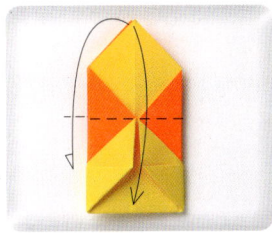

05 앞 장과 뒷장을 각각 접어요.

06 귀와 코를 접어요.

07 기호를 잘 보고 08과 같이 접어요.

08 07의 기호대로 접은 후 09와 같이 뒤집어요.

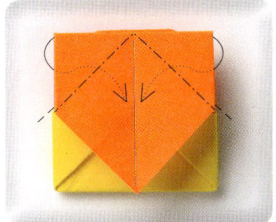

09 안쪽으로 접어요.

10 중심선에 맞춰 뒤로 접어요.

11 10의 기호대로 접은 후 12와 같이 뒤집어요.

12 화살표 방향으로 살짝 밀어 넣어서 앞다리를 만들어요.

13 강아지 접기 모양 완성.

14 사진과 같이 안쪽으로 손을 넣어 한쪽 방향으로 눕혀 접어요.

15 14와 같이 입체감을 살려 접은 후 눈과 스티커를 붙여요.

16 강아지 완성.

귀여운 강아지 2

예쁜 색깔의 색종이로 접고 눈 스티커를 다양하게 활용하면
재미있는 표정의 강아지를 표현할 수 있어요.

TIP 강아지 등에 메모지나 작은 사진을 끼울 수 있어요.

종이 크기 ☐ 단면 색종이 15×15cm 1장
기타 재료 ☐ 눈 스티커

▶ How To... 귀여운 강아지 2

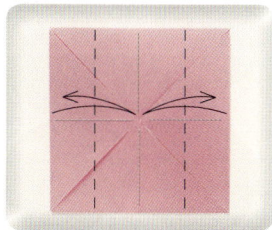
01 방석접기에서 시작해요. 접었다 펴요.

02 펼쳐요.

03 중심선에 맞춰 접어요.

04 03의 기호대로 접은 후 05와 같이 뒤집어요.

05 양쪽 선대로 접었다 펴요.

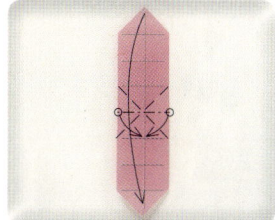
06 ㅇ와 ㅇ를 가운데로 모으면서 접기선대로 접어요.

07 접었다 펴요.

08 안쪽으로 들어가게 접어요.

09 오른쪽도 08과 같이 안쪽으로 들어가게 접어요.

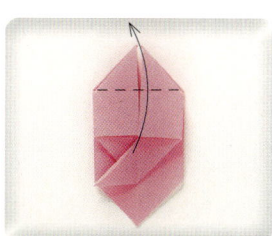
10 접기선을 맞춰 접어 올려요.

11 ㅇ와 ㅇ를 가운데로 모으면서 접기선대로 접어요.

12 중심선에 맞춰 접어요.

13 12의 기호대로 접은 후 14와 같이 뒤집어요.

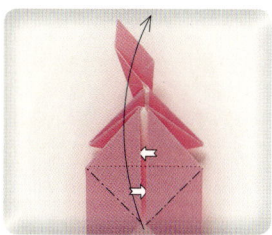
14 펼쳐 눌러 접어 15의 모양을 만들어요.

15 3등분으로 접어요.

16 접어 내려요.

17 귀와 코를 접어요.

18 귀를 안쪽으로 펼쳐 눌러 접고 코를 만들어요.

19 18의 기호대로 접은 후 20과 같이 뒤집어요.

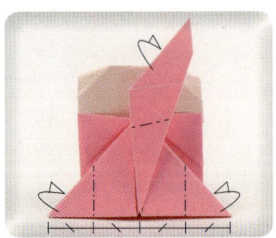
20 꼬리와 다리를 접어요.

21 20의 기호대로 접은 후 22와 같이 뒤집어요.

22 강아지 접기 모양 완성물에 눈을 붙여요.

23 강아지 2 완성.

▶ 추가 아이디어!!

우드락에 예쁜 종이를 붙여 강아지를 올리고 펜 꽂이도 설치해 메모 꽂이를 만들어 볼 수 있어요. 사진을 꽂아 강아지 액자로도 만들어요.

동물 전화기

귀여운 동물 전화기를 접어 전화 놀이를 하거나
메모용 집게를 세워 메모 꽂이로 활용하세요.

TIP 얼굴 부분을 접어 생일 초대장 봉투로도 활용해 보세요.

종이 크기 몸체 □ 단면 색종이 15×15cm 1장　**수화기** □ 단면 색종이 15×15cm 1장
기타 재료 □ 메모용 집게　□ 눈 스티커　□ 리본　□ 코볼　□ 골판지

▶ How To... 몸체

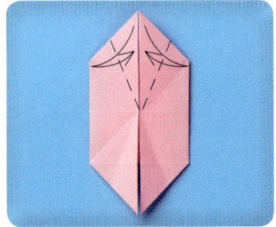
01 쌍배접기에서 시작해요. 접었다 펴요.

02 o끼리 접기선이 이어지도록 접어요.

03 옆 선에 맞춰 접어 앞 장 뒤로 넣어요.

04 접기선대로 접어요.

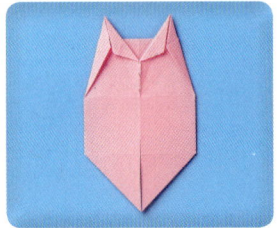
05 04의 기호대로 접은 후 06과 같이 뒤집어요.

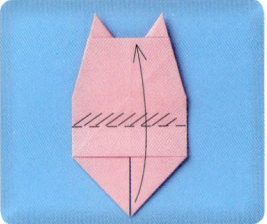
06 위로 접어요.

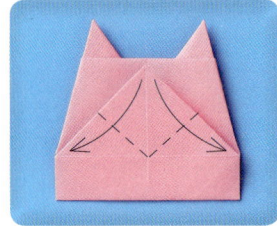
07 화살표 방향으로 접어요.

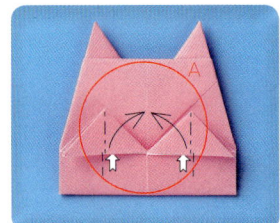
08 펼쳐 눌러 접어요.

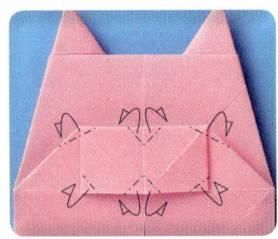
09 모서리 부분을 조금씩 뒤로 접어요(08의 A부분을 확대).

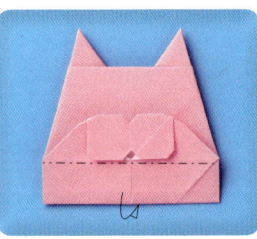
10 06의 빗금 친 부분을 풀칠해 붙이고 뒤로 접어 세워요.

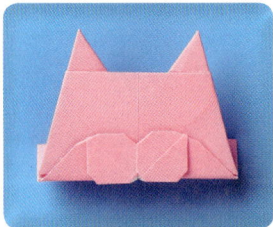
11 눈 스티커를 붙이고 코볼을 붙여요.

12 몸체 완성.

▶ How To... 수화기

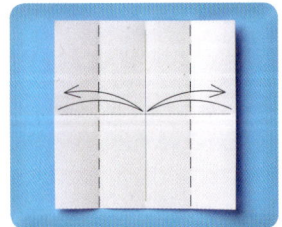
01 가로세로 사각접기하고 문접기를 접었다 펴요.

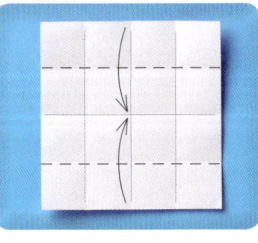
02 중심선에 맞춰 접어요.

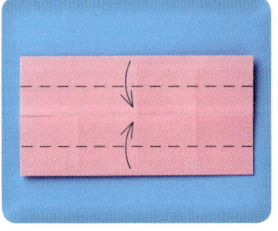
03 중심선에 맞춰 접어요.

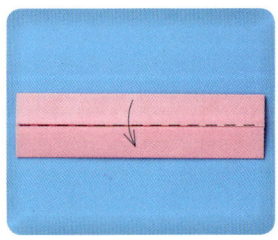
04 아래로 접어요.

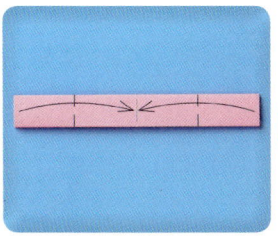 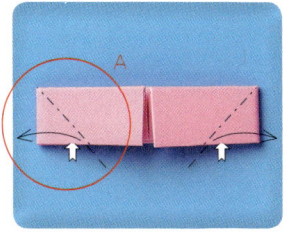 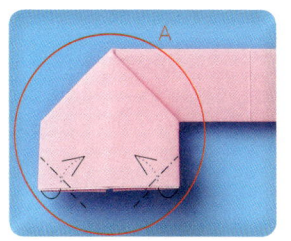 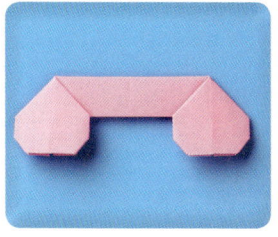

05 중심선에 맞춰 접어요.   06 펼쳐 눌러 접어요.   07 모서리를 조금씩 안쪽으로 접어요(06의 A부분을 확대).   08 수화기 완성.

09 리본으로 장식하고 귀 부분에 수화기를 끼워요.   10 전화기 완성.

▶ How To... 응용 : 몸체를 이용한 메모용 집게

동물 전화기 본체만으로도 메모용 집게 등 다양한 소품으로 활용할 수 있어요.

종이 크기 □ 단면 색종이 15×15cm 1장
기타 재료 □ 골판지 12×7cm(결 다르게 2장) □ 띠골판지 1×15cm 1줄 □ 메모용 집게 □ 눈 스티커 □ 코볼 □ 리본

  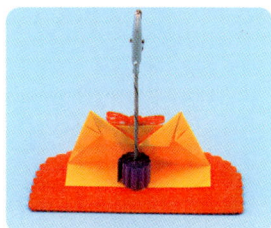 

01 32쪽 꽃 바람개비 조립의 01과 같은 방법으로 골판지판을 만들어 핑킹가위로 모양을 내요.   02 판에 몸체를 붙이고 뒤쪽에 집게를 붙여요.   03 리본 뒷부분과 집게대가 만나는 부분을 붙여요.   04 메모 꽂이 완성.

▶ 추가 아이디어!!

동물 전화기 몸체를 응용해서 생일 초대장 만들기도 할 수 있어요.

꽃 바람개비

골판지를 이용해서 받침대를 만든 후
창가에 장식품으로 놓아 보세요.

TIP 바람개비를 놀잇감으로 활용하고, 양면 색종이를 이용해 모빌을 접어 꿈동산을 꾸며 보세요.

종이 크기 꽃잎 □ 색종이 12×12cm 7장　얼굴 □ 색종이 7.5×7.5cm 1장
기타 재료 □ 골판지 12×12cm 2장　□ 골판지 3×20cm 1장　□ 눈 스티커　□ 원 스티커　□ 양면테이프　□ 바람개비 재료

▶ How To... 꽃잎

01 방석접기에서 시작해요.

02 01처럼 접은 후 뒤집어요.

03 O와 O를 맞춰 접어요.

04 모두 펴서 중심에 풀칠해 방석접기를 접고, 01~03 접은 부분을 풀칠해 붙여요. 같은 모양 7개를 만들어요.

05 바람개비 판에 양면테이프를 이용해 꽃잎을 붙여요.

06 꽃잎을 모두 붙인 모양.

▶ How To... 얼굴

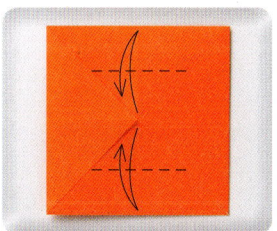 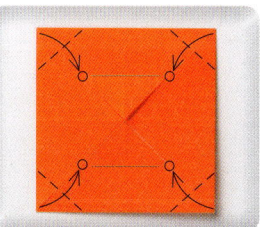 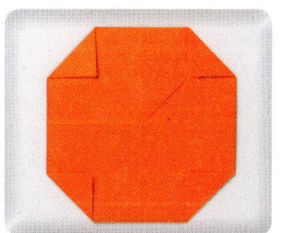 

01 방석접기에서 시작해요.

02 O에 맞춰 접어요.

03 모두 펴서 중심에 풀칠해 방석접기를 접고 02에서 접은 부분을 풀칠해 붙인 다음 뒤집어요.

04 스티커를 이용해서 표정을 만들어요.

05 막대와 연결할 꼭지에 양면테이프를 붙여 얼굴 뒷면 중앙에 붙여요.

▶ How To... 꽃 바람개비 조립

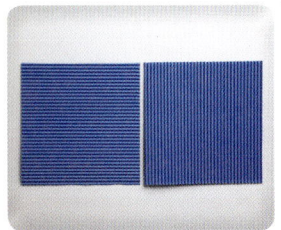 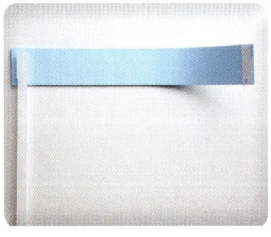  

01 골판지 뒷면을 풀칠한 후 결을 다르게 붙여 단단한 받침을 만들어요.

02 막대 끝 부분에 맞춰 골판지를 말고 끝 부분을 양면테이프로 고정한 뒤 막대를 빼요.

03 받침 중앙을 글루건으로 고정해요.

04 꽃잎 중앙에 얼굴을 끼워요.

05 꽃잎에 낀 얼굴을 막대에 끼워 고정해요.

06 받침에 바람개비를 끼워 세워서 완성해요.

▶ How To... 응용 : 모빌

바람개비 꽃잎을 입체로 만들어 모빌을 완성해요.

종이 크기 □ 단면 색종이 7.5×7.5cm 8장   **기타 재료** □ 코볼 □ 낚싯줄

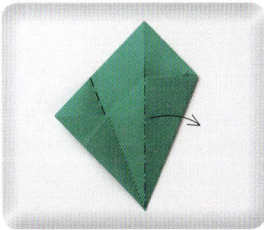  

01 방석접기에서 시작한 후 사진과 같은 모양으로 펴서 빗금 친 부분에 풀칠해서 접어요.

02 화살표 방향으로 당겨 입체로 세워요. 같은 방법으로 7개 더 만들어요.

03 옆면을 풀칠하고 8장 조립해요.

04 응용 모빌 완성.

▶ 추가 아이디어!!

사탕꽃 만들기는 모빌과 같은 방법으로 6장 접어 조립해서 만들어요. 막대 사탕을 꽃술로 활용해서 꽃에 끼워 리본 등으로 장식해서 사탕꽃을 완성해요.

사탕 액자

추억이 담긴 사진을
사탕 액자에 넣어서 장식해 보세요.

033

PART 1. 아이가 접는 종이접기

종이 크기 **본체** ☐ 양면 색종이 15×15cm 1장 **옆 부분** ☐ 양면 색종이 7.5×7.5cm 2장
기타 재료 ☐ 사진 ☐ 리본 장식

▶ How To... 본체

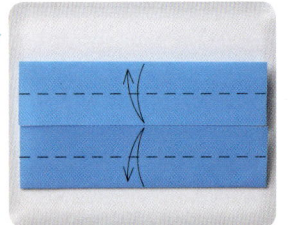
01 문접기에서 시작해요.

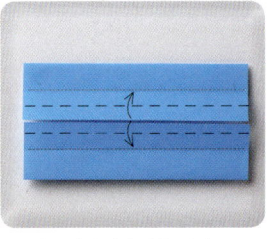
02 접기선에 맞춰 반을 접어요.

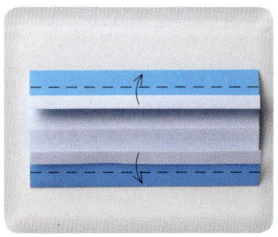
03 끝에 맞춰 반을 접어요.

04 02에서 접은 등분만 남기고 펴요.

05 중심선에 맞춰 접어요.

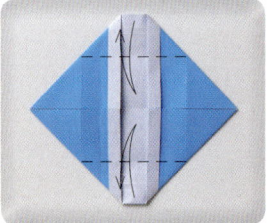
06 선대로 접었다 펴요.

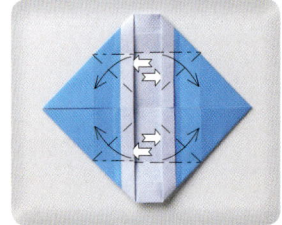
07 펼쳐 눌러 접어요.

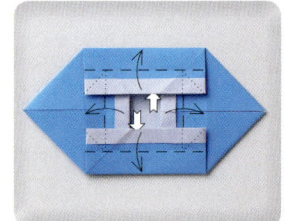
08 09의 모양이 되도록 펼쳐 눌러 접어요.

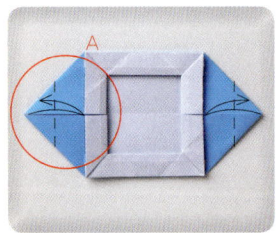
09 접었다 펴요.

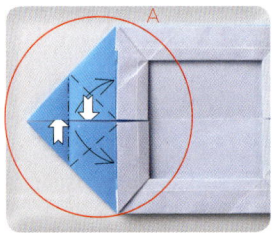
10 펼쳐 눌러 접은 후 맞은편 부분도 동일하게 접어요(09의 A부분 확대).

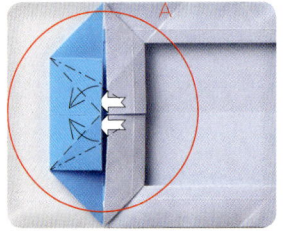
11 사진과 같이 펼쳐 눌러 접은 후 맞은편 부분도 동일하게 접어요.

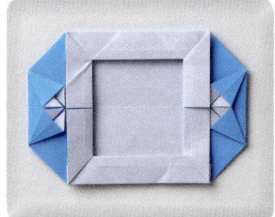
12 본체 완성.

▶ How To... 옆 부분과 사탕 액자 조립

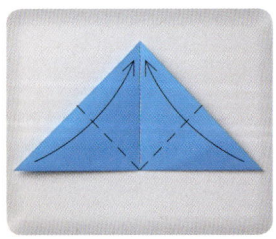
01 삼각접기 후 중심선에 맞춰 접어요.

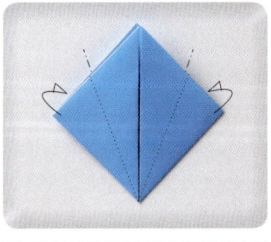
02 중심선에 맞춰 뒤로 접으면서 앞을 펴요.

03 옆 부분 완성. 같은 방법으로 1장 더 접어 본체 양쪽에 끼워요.

04 원하는 장식을 붙이고 사진을 앞에서 끼워 완성해요.

하트 메모 꽂이

엄마 아빠 보기가 힘든가요?
하고 싶은 말을 메모해서 전달해 보세요.

TIP 밸런타인 초콜릿 상자 뚜껑과 함께 조립해서 액자로 응용할 수 있어요.

종이 크기 ☐ 양면 포장지 25×25cm 1장
기타 재료 ☐ 줄구슬 ☐ 레이스 ☐ 리본 ☐ 장식품

▶ How To... 하트 메모 꽂이

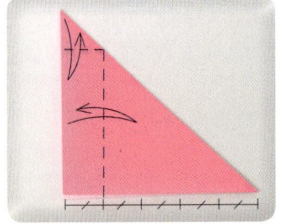
01 삼각접기에서 시작해요. 1/5만큼 접었다 펴요.

02 뒤로 접어요.

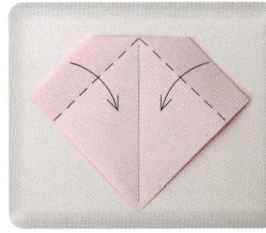
03 중심선에 맞춰 접어요.

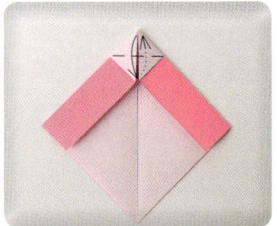
04 뒷부분을 펼치면서 앞으로 접어요.

05 06 모양이 되도록 펼쳐요.

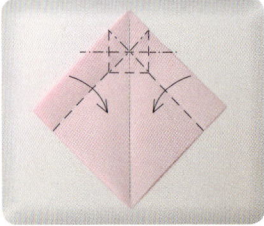
06 접기선대로 모아요.

07 06을 접은 중간 과정.

08 자른 뒤 뒤로 접어요.

09 모서리를 접어요.

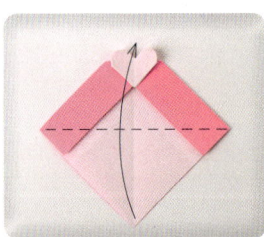
10 세모로 접어요.

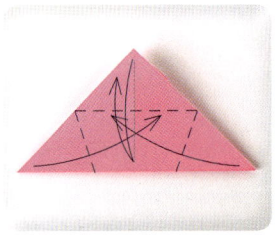
11 윗장만 접었다 펴고 그 선에 맞춰 접어요.

12 순서대로 접어요.

13 접어 내려요.

14 하트 메모 꽂이 완성.

▶ How To... 응용 : 액자

하트 메모 꽃이를 응용해서 액자로도 만들수 있어요.

종이 크기 **액자 본체** □ 양면 무늬 색종이 15×15cm 1장   **액자 테두리** □ 양면 무늬 색종이 7.5×7.5cm 4장

How To... 액자 1

01 하트 메모 꽃이 09에서 시작해요.
02 중심점에 맞춰 접어요.
03 액자 본체 완성.
04 163쪽의 밸런타인데이 선물 상자 뚜껑의 05를 돌려서 시작해요.

05 위로 접어요.
06 같은 방법으로 3장을 더 접어 그림과 같이 놓고 빗금 친 부분에 풀칠해 끼워 붙여요. 나머지도 같은 방법으로 조립해요.
07 테두리 완성. 빗금 친 뒤쪽에 양면테이프를 붙여서 액자 본체에 붙여요.
08 액자 1 완성.

How To... 액자 2

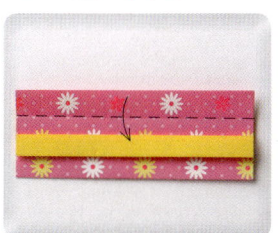   

01 162쪽 밸런타인데이 선물 상자 뚜껑의 04에서 시작해요.
02 각각 앞뒤로 접어요.
03 같은 방법으로 3장을 더 접어 빗금 친 부분에 풀칠해서 겹쳐 붙여요.
04 액자 테두리 완성.

05 액자 테두리를 뒤집어서 양면테이프를 붙인 후 본체에 붙여요.
06 기호대로 뒤로 접어요.
07 액자 2 완성.

돼지 슬리퍼

예쁘게 접어 엄마 아빠 거실 슬리퍼 옆에
살짝 놓아 보세요.

TIP 30cm 종이로 접으면 유아
슬리퍼로 신을 수 있어요.

종이 크기 ☐ 양면 색종이 15×15cm 2장
기타 재료 ☐ 눈 스티커 ☐ 리본 ☐ 줄하트

▶ How To... 돼지 슬리퍼

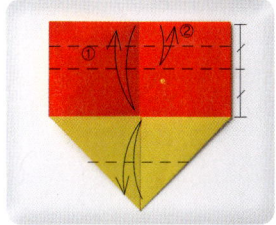
01 중심선을 접고 등분대로 접었다 펴요.

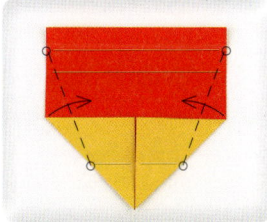
02 o와 o을 이어지게 접어요.

03 02의 기호대로 접은 후 04와 같이 뒤집어요.

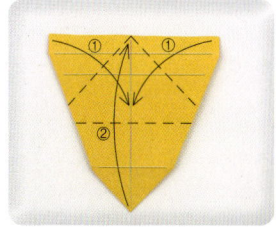
04 순서대로 접어요.

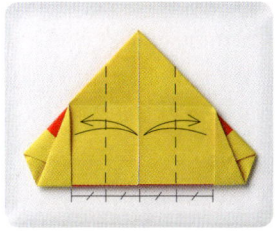
05 등분을 잘 보고 중심선에 맞춰 접었다 펴요.

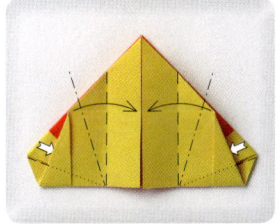
06 접선을 잘 보고 07과 같이 접어요.

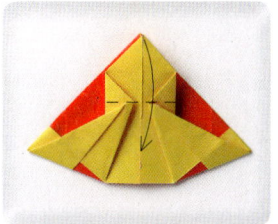
07 접어 내려요.

08 07의 기호대로 접은 후 09와 같이 뒤집어요.

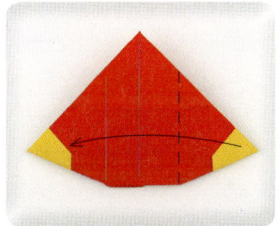
09 접기선대로 접어요.

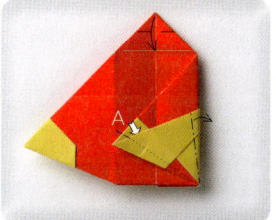
10 윗부분을 접기선대로 아래로 접어 내린 후 A부분의 안쪽을 조금만 눌러 접어요.

11 반대쪽도 09, 10과 같은 방법으로 접어요.

12 접은 모양.

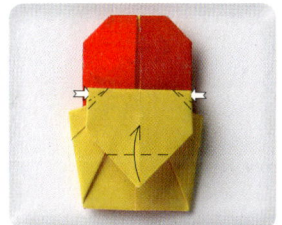
13 귀와 코를 접고 귀는 안쪽을 살짝 눌러 접어요.

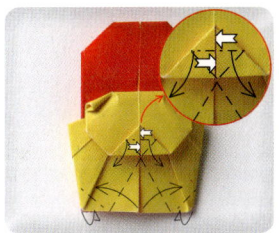
14 펼쳐 눌러 접어요. 1장 더 접어요.

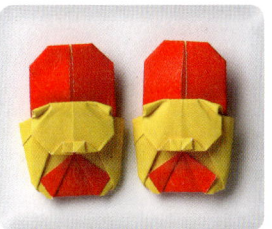
15 눈과 장식을 붙여요.

16 돼지 슬리퍼 완성.

사탕 집

사탕을 담아 보관하세요.
사탕 출구에서 하나씩 빼먹는 재미가 있답니다.

TIP 종이 크기를 크게 해서 커피 집을 만들어 주방을 장식하거나, 사탕 출구를 생략하고 지붕에 동전 투입구를 만들어 저금통으로 활용해 보세요.

종이 크기 본체 앞면·뒷면·바닥·지붕 □ 무늬 색종이 15×15cm 각 1장   창문 □ 단면 색종이 7.5×7.5cm 1장   울타리 □ 단면 색종이 2×3cm 4장
울타리 연결대 □ 단면 색종이 2×3cm 2장   자석집 □ 무늬 색종이 2.5×2.5cm 1장   지붕 연결대 □ 무늬 색종이 3.75×3.75cm 2장
기타 재료 □ 마분지 7.3×9cm 1장   □ 마분지 7.3×11cm 1장   □ 마분지 7.3×3cm 1장   □ OHP 필름지 1.5×4cm 1장   □ 강력 ND 자석   □ 자석판

▶ How To... 본체 뒷면

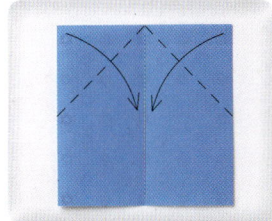   

01 반 접었다 펴서 중심선에 맞춰 접어요.
02 위로 접어요.
03 중심에 맞춰 접어요.
04 마분지를 형태대로 잘라 안쪽에 넣어 붙이면 뒷면 완성.

▶ How To... 본체 앞면

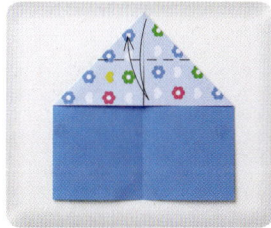 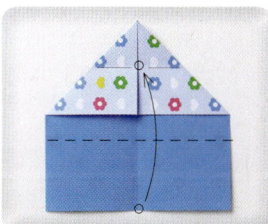 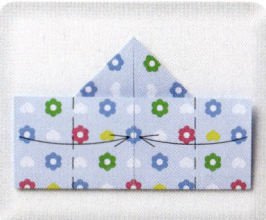 

01 뒷면 01부터 시작해서 아래로 접었다 펴요.
02 ○와 ○를 맞춰 접어요.
03 중심선에 맞춰 접어요.
04 마분지를 형태대로 잘라 안쪽에 넣어 붙이면 앞면 완성.

▶ How To... 본체 바닥

   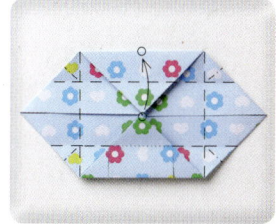

01 방석접기에서 기호대로 접어 02 모양으로 만들어요.
02 중심선에 맞춰 접었다 펴요.
03 선만큼 자르세요.
04 ○와 ○를 맞추면서 05 모양이 나오도록 접어요.

05 바닥 안쪽에 마분지를 넣고 입체 모양대로 풀로 붙여 바닥 완성.

▶ How To... 지붕

 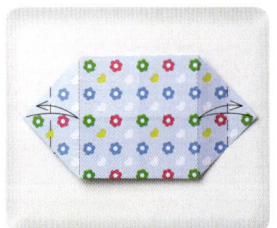 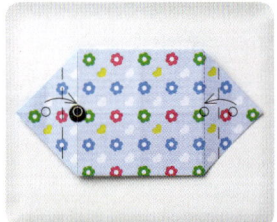 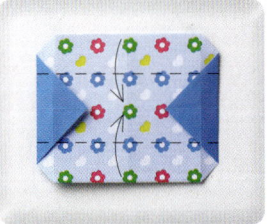

01 방석접기에서 시작해서 사진과 같은 모양이 나오도록 양쪽을 편 다음 뒤집어요.
02 접었다 펴요.
03 사진과 같은 위치에 자석판을 붙이고 O와 O가 만나게 접어요.
04 중심선에 맞춰 접어요.

05 지붕 완성.

▶ How To... 울타리

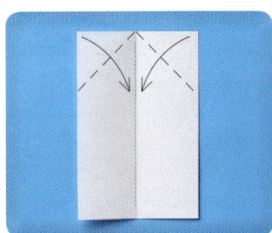   

01 중심선에 맞춰 접어요.
02 중심에 맞춰 접어요.
03 02의 기호대로 접은 후 04와 같이 뒤집어요.
04 같은 모양으로 4장 접어요.

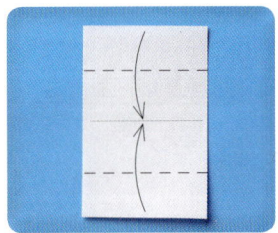 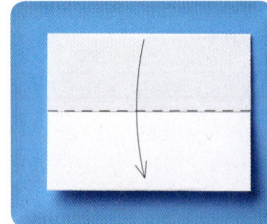  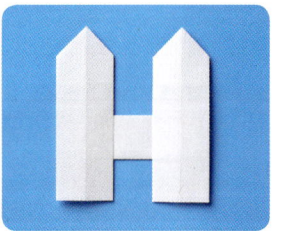

05 문접기로 접어요.
06 아래로 접어요.
07 같은 방법으로 1장 더 접어요.
08 사진과 같이 조립해요. 울타리 2개를 완성해요.

▶ How To... 창문

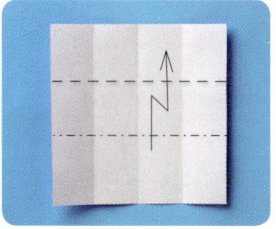 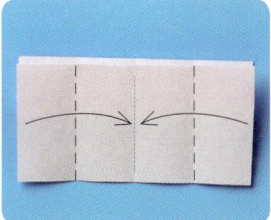 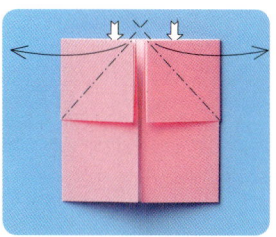 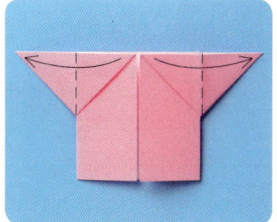

01 문접기를 한 다음 펴서 시작해요. 계단접기해요.　02 중심선에 맞춰 접어요.　03 양쪽을 펼쳐 눌러 접어요.　04 화살표 방향으로 접어요.

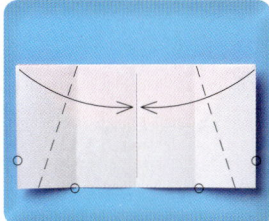 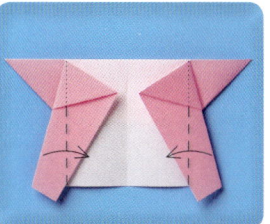 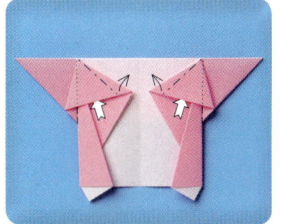 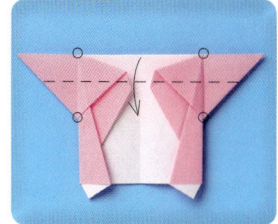

05 O와 O를 맞춰 접어요.　06 07 모양이 나오도록 화살표 방향으로 접어요.　07 08 모양이 나오도록 펼쳐 눌러 접어요.　08 O와 O를 맞춰 아래로 접어요.

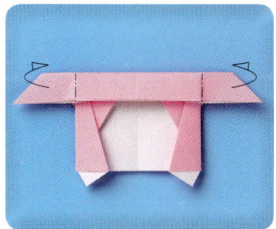  

09 양쪽 끝을 뒤로 접어요.　10 아랫부분을 위로 뒤로 접어요.　11 창문 완성.

▶ How To... 자석 집

 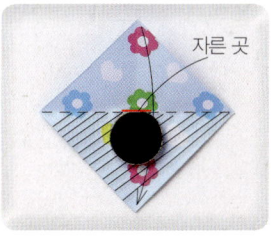 

01 양쪽 삼각접기를 접어서 선만큼 가위로 자른 뒤 자른 선이 02와 같이 가로선이 되도록 펴세요.　02 구멍으로 자석이 조금 튀어 나가도록 붙이고 빗금 친 부분에 풀칠해서 접어 내려요.　03 자석 집 완성.

▶ How To... 지붕 연결대

01 삼각접기를 접었다 펴서 2장을 접어요.

▶ How To... 사탕 집 조립

01 뒷면을 바닥에 붙여요.

02 01에 앞면을 끼워 붙여요. 필름지 위쪽에 투명 테이프를 붙여 빗금 친 뒷면에 붙여요.

03 빗금 친 부분 뒷면에 자석 집을 자석만 조금 올라오게 붙이고 반대쪽으로 돌려요.

04 빗금 친 부분에 풀칠해 지붕 연결대 2장을 05와 같이 붙여요.

05 지붕 연결대를 붙인 모습. 빗금 친 부분에 풀칠해 지붕을 06과 같이 붙여요.

06 지붕을 붙일 때 A부분(자석 붙인 곳)이 뒤로 가도록 붙여요. 울타리와 창문을 붙여요.

07 사탕 집 완성.

▶ 추가 아이디어!!

앞면을 뒷면과 같은 방법으로 접고 바닥 투입구를 생략하고 접어요. 지붕에 동전 투입구를 뚫어 저금통으로 활용해요.

하트 가방

예쁜 하트 가방을 만들어
작은 소지품들을 넣어 보세요.

종이 크기 **하트 가방** □ 양면 포장지 25×25cm 1장　**리본** □ 양면 포장지 6.5×6.5cm 4장
기타 재료 □ 줄구슬 20cm 2줄　□ 보석 1개

▶ How To... 하트 가방 1

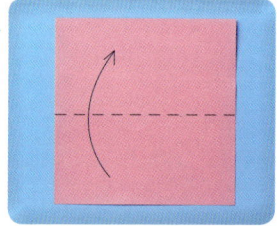
01 반을 접어 올려요.

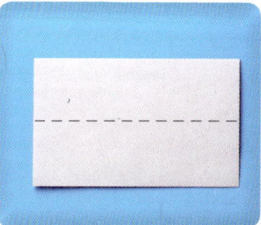
02 각각 앞뒤로 접었다 펴요.

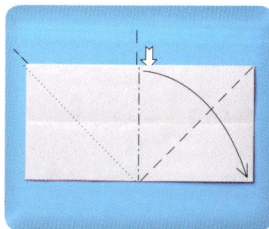
03 사각주머니접기 기본형을 해요.

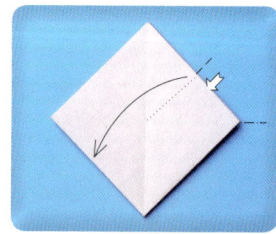
04 펼쳐 눌러 접어요.

05 뒤집어서 04와 같은 방법으로 접어요.

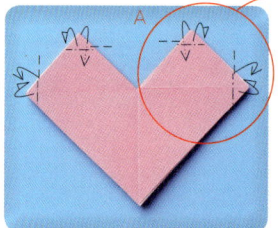
06 각각 안으로 접어 넣어요.

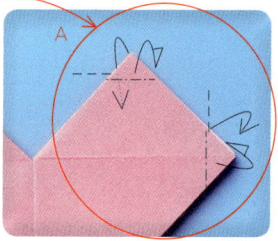
07 06의 A부분 확대. 사진대로 접어요.

08 하트 가방 1 완성.

▶ How To... 하트 가방 2

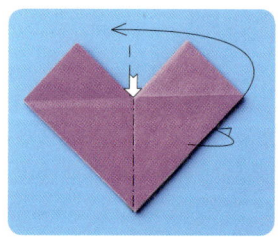
01 하트 가방 1의 05에서 시작 후 펼쳐 눌러 접어요.

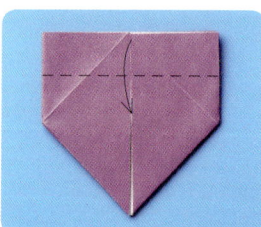
02 접어 내려요.

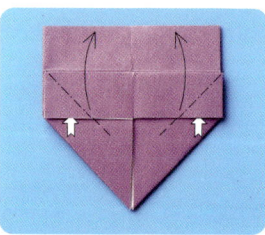
03 펼쳐 눌러 접어요.

04 접기선대로 접어 올려요.

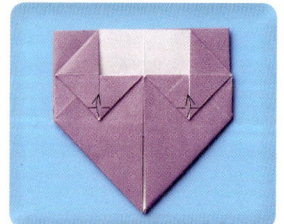
05 접기선대로 접어 올려요.

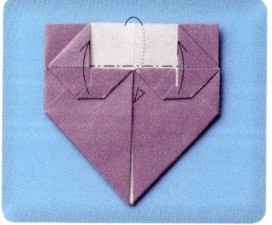
06 뒤로 접어 넣으며 앞쪽을 올려요.

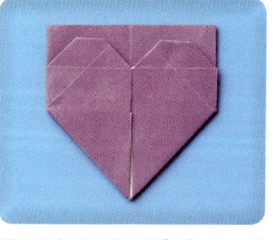
07 06의 기호대로 접은 후 08과 같이 뒤집어요.

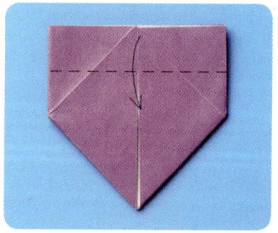
08 접어 내린 후 03~06과 같이 접어요.

09 하트 가방 2 완성.

▶ How To... 리본

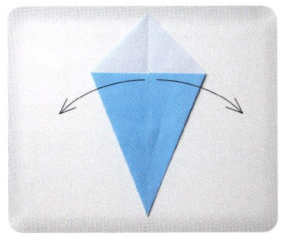

01 아이스크림접기에서 양쪽을 펴요.

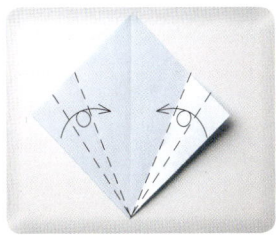

02 같은 방향으로 계속 접어요.

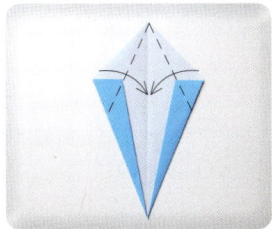

03 중심에 맞춰 접어요.

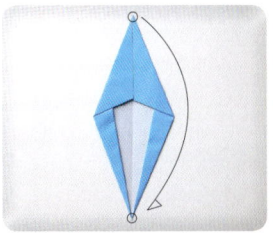

04 ㅇ끼리 뒤로 붙여요.

05 같은 방법으로 1장 더 접어요.

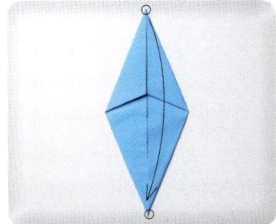

06 양쪽 방향 아이스크림접기를 하고 ㅇ끼리 앞으로 붙여요.

07 같은 방법으로 1장 더 접어 05와 겹쳐 붙여 리본을 만들어요.

08 리본 완성.

▶ How To... 하트 가방 조립

01 리본과 보석을 붙여요.

02 줄구슬을 끼워 붙여요.

03 나머지 1줄도 끼워 붙여 하트 가방을 완성해요.

04 하트 가방 완성.

리본 가방

접어서 선물 가방으로 활용해 보세요.
친구 생일날 마음의 선물을 담아 준다면 더욱 좋겠죠.

종이 크기 리본 가방 □ 양면 포장지 30×30cm 1장   **잠금장치** □ 양면 포장지 7.5×7.5cm 1장   □ 양면 포장지 6×6cm 1장   **바닥** □ 양면 포장지 15×15cm 1장

기타 재료 □ 둥근 찍찍이   □ 가방 손잡이   □ 줄하트 구슬   □ 마분지 7×7cm 1장

▶ How To... 가방 몸체

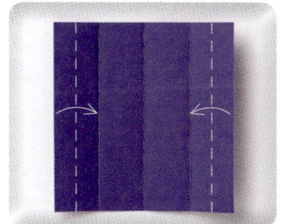   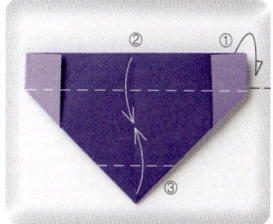

01 문접기를 하고 편 뒤 화살표 방향으로 접어요.   02 뒤로 접어요.   03 안쪽으로 접어요.   04 순서대로 접어요.

05 06 처럼 펴요 (04 접은 모양).   06 가운데를 가위로 위치만큼 자른 후 양옆으로 조금 비스듬히 접어요.   07 뒤쪽도 06과 같은 방법으로 해줘요.   08 O와 O를 보고 맞춰 접어요.

  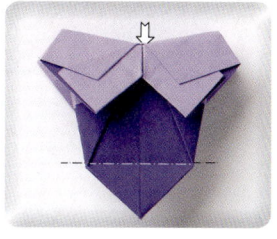 

09 빨간선이 중심선에 맞게 접어요.   10 나머지 3곳도 08~09와 같은 방법으로 접어요.   11 완성 사진을 보면서 입체로 만들어요.   12 가방 몸체 완성.

▶ How To... 바닥

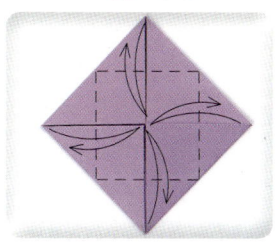 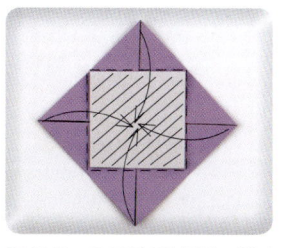  

01 방석접기를 접은 후 접었다 펴요.   02 7×7cm로 자른 마분지를 그림과 같이 놓고 풀칠해 붙여요.   03 가방 바닥에는 뒤집어서 넣어요.   04 가방 안에 바닥을 넣어 완성해요.

▶ How To... 잠금장치

01 문접기에서 시작해요. 접었다 펴요.
02 안쪽으로 접어요.
03 접은 부분 안쪽을 풀칠해 붙이고 뒤집어요.
04 잠금장치 완성. 같은 방법으로 크기와 색을 다르게 하여 1장 더 접어요.

05 작게 접은 잠금장치를 올려붙여요.
06 잠금장치 완성.

▶ How To... 리본 가방 조립

01 잠금장치를 붙이고 뒤로 돌려요 (이때 리본 안쪽은 글루건으로 붙여요).
02 둥근 찍찍이를 붙여요(접착이 있지만 글루건으로 붙이면 더욱 단단해요).
03 가방 손잡이와 장식을 달고 마무리해요.
04 리본 가방 완성.

▶ 추가 아이디어!!

레이스와 구슬끈을 이용해 화려하게 장식하거나 쇼핑백 손잡이를 재활용하여 만들어 보세요.

꽃게

조금 두꺼운 종이로 간단하게 꽃게와 꽃게 가방을 만들 수 있어요.
한여름에 들고 외출하면 시원해요.

TIP 꽃게 몸통으로 복주머니 가방을 응용해 만들어 보세요.

종이 크기 꽃게 몸 □ 단면 색종이 18×18cm 1장   꽃게 다리 □ 단면 색종이 9×9cm 2장
기타 재료 □ 눈 스티커 2개

▶ How To... 몸

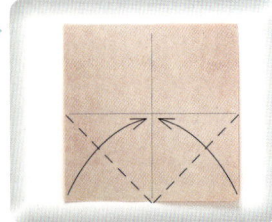

01 중심선에 맞춰 접어요.

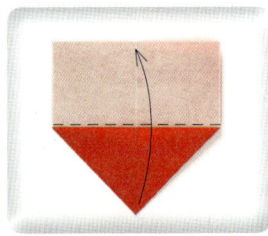

02 접기선대로 접어 올려요.

03 02의 기호대로 접은 후 04와 같이 뒤집어요.

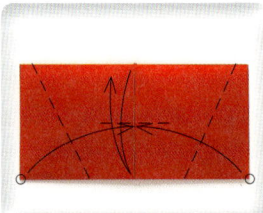

04 접었다 편 선을 낸 후 o부분이 중심에서 만나도록 접어요.

05 기준을 잘 보고 접어요.

06 안으로 접어요.

07 반대쪽도 05, 06과 같은 방법으로 접어요.

08 각각 안으로 접은 다음 뒤집어요.

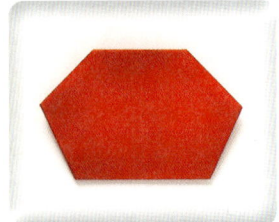

09 몸체 완성.

▶ How To... 다리

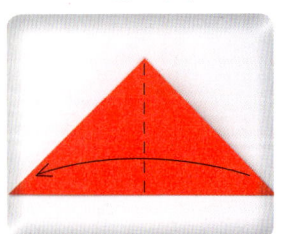

01 삼각접기에서 시작해요.

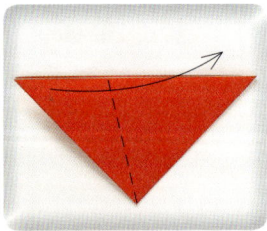

02 1장만 비슷하게 접어요.

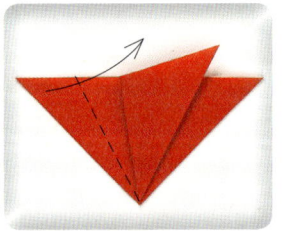

03 옆 장을 다시 한 번 비슷하게 접어요.

04 대칭으로 1장 더 접어요.

05 다리 완성.

▶ How To... 꽃게 조립

01 몸에 다리를 붙여요. 02 눈을 붙여요. 03 꽃게 완성.

▶ 추가 아이디어!!

50쪽 리본 가방의 리본 가방 조립과 같이 손잡이를 달아 꽃게 가방을 만들어 보아요.

▶ How To... 응용 : 복주머니

꽃게 몸을 접어 복주머니 몸체로 응용할 수 있어요.

종이 크기 복주머니 몸체·덮개 □ 단면 색종이 18×18cm 2장　**기타 재료** □ ND 자석　□ 자석판　□ 장식 색동 종이 약간

How To... 복주머니 덮개

  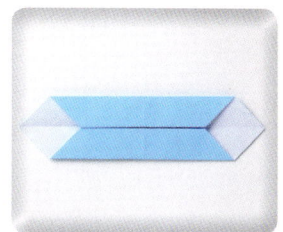

01 가로세로 삼각접기를 한 후 펴서 시작해요.　02 중심선에 맞춰 접어요.　03 덮개 완성.

How To... 복주머니 조립

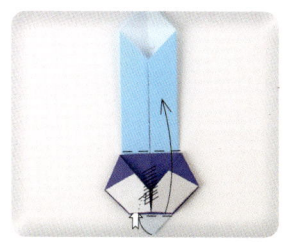 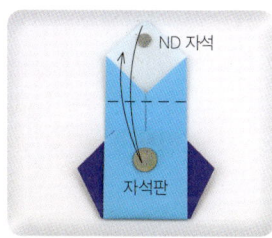  

01 완성된 꽃게 몸을 덮개 위에 붙여 놓고 접어 올려요(올려 접을 때 빗금에 풀해요).　02 접었다 편 다음 사진과 같은 위치에 ND 자석과 자석판을 붙이고 장식띠를 둘러 붙여요.　03 02에서 접은 접선 그대로 접어 내리고, 자유롭게 꾸며 장식을 해요.　04 복주머니 완성.

물고기 모빌

크기가 다른 물고기를 접어서 발을 만들거나 현관 벨을 완성해 보세요.
더운 여름이 시원해질 거예요.

TIP 양면이 같은 모양이 나오는 특징이 있는 물고기라서 모빌 만들기에 좋아요.

종이 크기 ☐ 양면 색종이 15×15cm 1장
기타 재료 ☐ 가는 낚싯줄 ☐ 크기가 다른 구슬 ☐ 눈 스티커

▶ How To... 물고기

 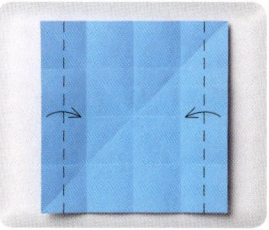 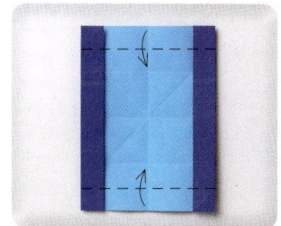 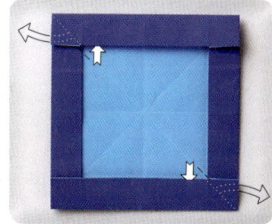

01 삼각접기, 사각접기를 접었다 펴서 시작해요. 4곳 모두 접었다 펴요.
02 화살표 방향으로 접어요.
03 화살표 방향으로 접어요.
04 화살표 안쪽을 벌려 모서리 부분을 잡아 빼서 눌러 접어요.

 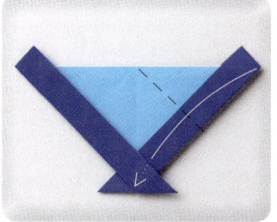 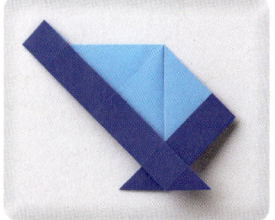 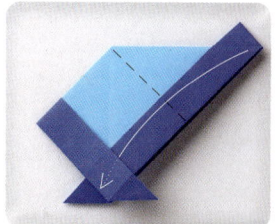

05 꼬리끼리 만나도록 뒤로 접어요.
06 중심선에 맞춰 접으면서 꼬리 안쪽으로 끼워 넣어요.
07 06의 기호대로 접은 후 08과 같이 뒤집어요.
08 중심선에 맞춰 접으면서 꼬리 안쪽으로 끼워 넣어요.

09 눈이 튀어 나가도록 붙이고 뒤집어요.
10 같은 위치에 눈을 붙여서 완성해요.

▶ How To... 구슬 연결 방법

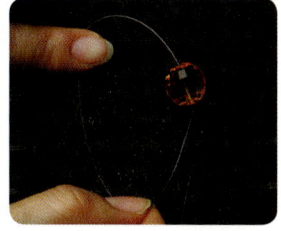 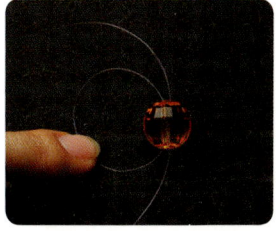  

01 낚싯줄을 구슬 아래에서 위로 끼우고 줄을 돌려 다시 아래로 끼워요.
02 위로 나온 줄을 당겨 구슬을 줄에 고정하고 위아래로 움직여 조절해요.
03 물고기 안쪽에 양면테이프를 붙여요.
04 구슬을 연결한 줄 사이에 물고기를 붙여서 완성해요.

곰돌이 고미

고미를 접어 칠판에 붙이면 가족이 메모를 남길 수 있는
예쁜 메모판이 완성됩니다.

TIP 어두운 방에 버섯 램프를 켜면 고미가 웃으면서 지켜 줘요.

종이 크기 **머리** □ 단면 색종이 10×10cm 1장 **팔** □ 단면 색종이 10×10cm 1장 **다리** □ 단면 색종이 10×10cm 1장 **몸** □ 단면 색종이 10×10cm 1장 **배** □ 단면 색종이 5×5cm 1장

기타 재료 □ 골판지 8×14cm 1장 □ 골판지 0.5×44cm 1줄 □ 우드락 8×14cm 1장 □ 버섯 램프

▶ How To... 머리

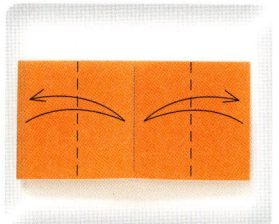

01 가로세로 사각접기를 접어 시작한 뒤 돌려서 중심선에 맞춰 접었다 펴요.

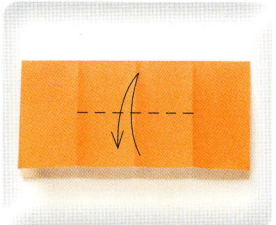

02 위로 선만큼 접었다 펴요.

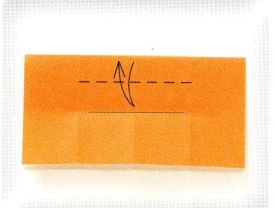

03 아래로 선만큼 접었다 펴요.

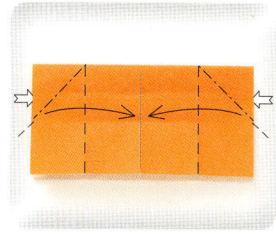

04 중심선에 맞춰 펼쳐 눌러 접어요.

05 화살표 방향으로 접어요.

06 화살표 방향으로 접어요.

07 화살표 방향으로 접은 다음 뒤집어요.

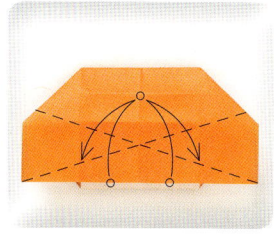

08 O와 O를 맞춰 접었다 펴요.

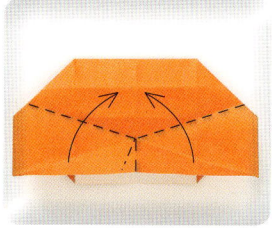

09 10 모양이 나오도록 접어요.

10 10의 기호대로 접은 후 11과 같이 뒤집어요.

11 12 모양이 나오도록 접어요.

12 뒤로 조금씩 접어요.

13 14의 흰색 원 모양을 종이로 오려 붙이고, 검정 스티커로 눈, 코를 붙여 꾸며요.

14 머리 완성.

▶ How To... 몸

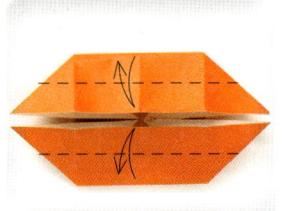 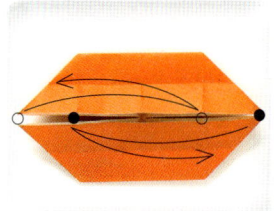 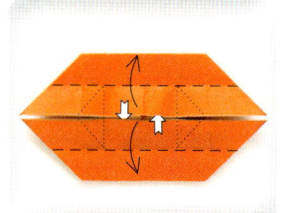 

01 쌍배접기에서 시작해요. 중심선에 맞춰 접었다 펴요.
02 ●과 ●, ○와 ○가 만나도록 접었다 펴요.
03 화살표 방향으로 접으면서 안쪽을 접기선대로 접어요.
04 03 접기 중간 과정.

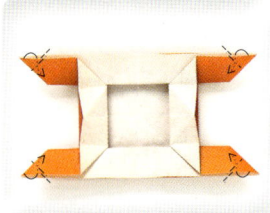 

05 접기선대로 접었다 펴서 안쪽으로 접어요.
06 몸 완성.

▶ How To... 배

01 문접기에서 시작한 뒤 화살표 방향으로 접어요.
02 뒤집어서 사용해요.

▶ How To... 곰돌이 고미 조립

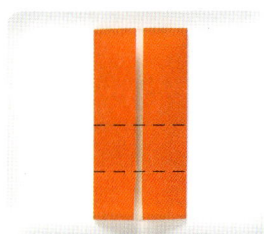 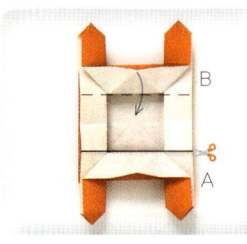 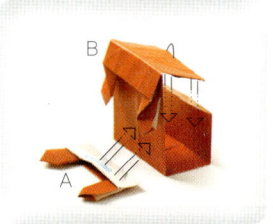 

01 문접기에서 시작한 뒤 03과 같은 모양으로 만들어요.
02 그림과 같이 완성된 몸을 팔, 다리가 나오게 선을 따라 접고, 잘라요.
03 A와 B를 그림과 같이 놓고 몸에 조립해요.
04 팔과 몸 사이에 배를 끼워 붙이고 머리를 붙여 완성해요.

고양이 미요

귀여운 고양이를 접어
메모판에 붙여 장식해 보세요.

TIP 배 부분에 이름을 쓰면 이름
표로도 활용할 수 있어요.

종이 크기 머리 □ 단면 색종이 10×10cm 1장 몸 □ 단면 색종이 10×10cm 1장
기타 재료 □ 우드락

▶ How To... 머리

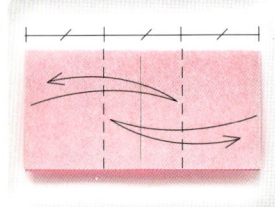 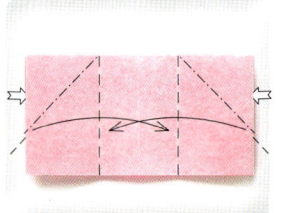  

01 색이 안으로 오도록 가로세로 사각접기를 접어 시작한 뒤 돌려 3등분하여 접었다 펴요.

02 중심선에 맞춰 접고 화살표 안쪽을 펼쳐 눌러 접어요.

03 화살표 방향으로 접어요.

04 화살표 방향으로 접어요.

 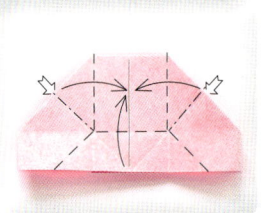 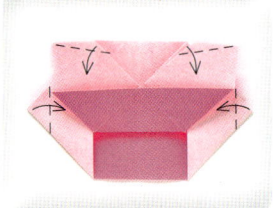 

05 앞 장만 중심선에 맞춰 접었다 펴요.

06 07 모양이 나오도록 접기선대로 접어요.

07 각각 화살표 방향으로 접어요.

08 07의 기호대로 접은 후 09와 같이 뒤집어요.

09 10과 같이 얼굴 표정을 그려요.

10 머리 완성.

▶ How To... 몸

  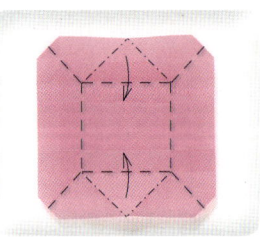 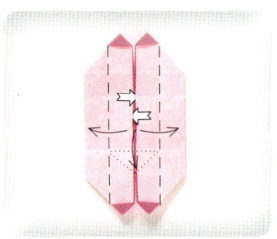

01 58쪽 고미 몸 02까지 색이 안으로 오도록 접었다 펴서 시작해요.

02 01의 기호대로 접은 후 03과 같이 뒤집어요.

03 선대로 모아 쌍배접기해요.

04 화살표 방향으로 접어요.

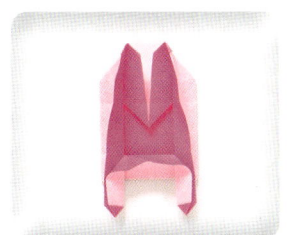 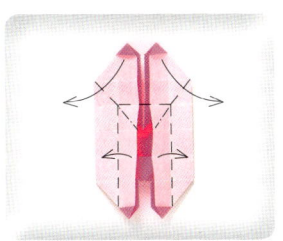  

05 중간 과정. 아랫부분을 접고 다시 모으세요.
06 화살표 방향으로 오도록 접어요.
07 모양이 나오도록 접어요.
07 06의 기호대로 접은 후 **08**과 같이 뒤집어요.
08 화살표 방향으로 접어요.

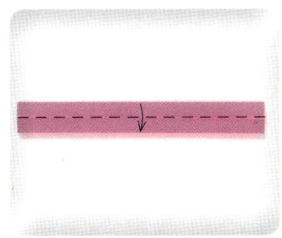

09 몸 완성.

▶ How To... 꼬리

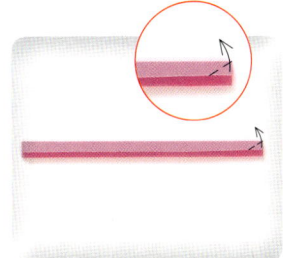 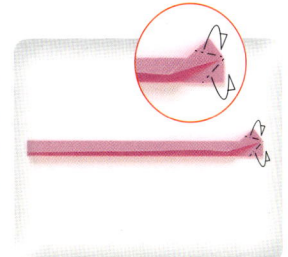 

01 문접기 기본형에서 시작해요.
02 비스듬히 접어요.
03 뒤로 조금씩 접어요.
04 꼬리 완성.

▶ How To... 고양이 미요 조립

01 꼬리를 몸에 끼워 붙이고 목 부분에 우드락을 붙인 뒤 머리를 붙여요.
02 미요 완성.

메모 꽂이 꽃

꽃을 접어 화분에 심어 장식하고
집게를 이용해 메모를 남겨 보세요.

TIP 양쪽 비즈를 누르면 집게가 벌어져 메모 꽂이가 됩니다. 소중한 사람에게 내 마음을 전하거나 중요한 메모를 적어 보세요.

종이 크기 꽃 □ 무늬 색종이 5×5cm 8장 잎사귀 □ 단면 색종이 7.5×7.5cm 2장 뒷면 마무리 □ 색종이 5×5cm 4장
기타 재료 □ 화분 □ 나무집게 □ 공예용 철사 □ 반원 비즈 □ 초록이나 연두 폼클레이

▶ How To... 꽃

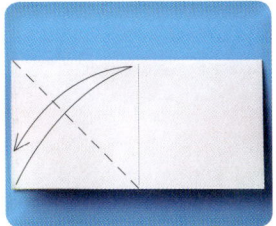
01 색이 안으로 오도록 가로세로 사각접기해서 돌려 앞 장만 접었다 펴요.

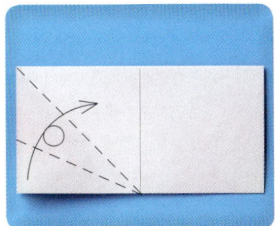
02 앞 장만 같은 방향으로 계속 접어요.

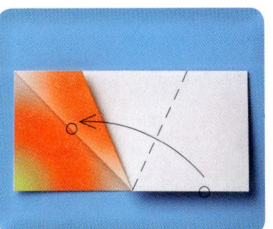
03 O와 o를 맞춰 비스듬히 접어요.

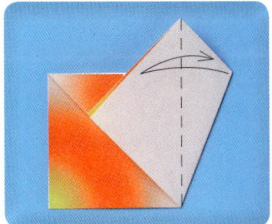
04 앞 장만 접었다 펴요.

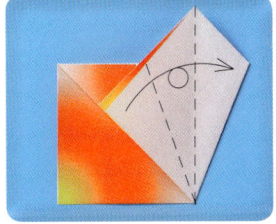
05 앞 장만 같은 방향으로 계속 접어요.

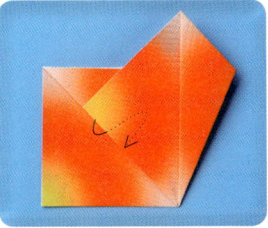
06 뒷장 아래로 넣어요.

07 같은 방법으로 3장 더 접어요.

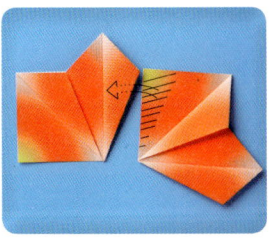
08 빗금 친 부분 뒷면에 풀칠해서 끼워 붙여요.

09 같은 모양으로 1개 더 만들어요.

▶ How To... 잎사귀

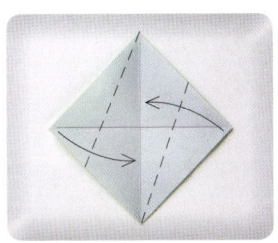
01 양쪽 삼각접기를 접었다 펴서 시작한 뒤 중심선에 맞춰 접어요.

02 중심선에 맞춰 접어요.

03 아래로 접어요.

04 접기선대로 접었다 펴요.

05 안쪽으로 접어요.

06 접은 모양.

07 공예용 철사를 끼우고 빗금 부분에 풀칠해 붙여요.

08 같은 방법으로 1개 더 만들어요.

▶ How To... 메모 꽂이 꽃 조립

01 완성한 꽃잎을 뒤집어 놓고 5×5cm 색종이 2장을 놓고 왼쪽을 먼저 붙여요.

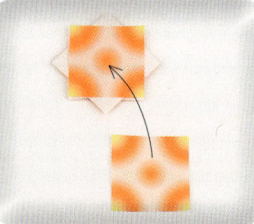
02 나머지 1장을 붙여요.

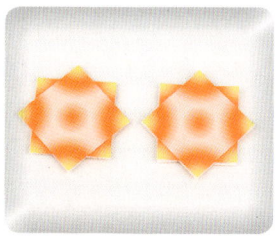
03 붙인 모양 2개를 만들어요.

04 양면테이프로 집게를 붙이고 공예용 철사를 반 접어 꼬아서 붙여요.

05 모양을 맞춰 나머지 꽃잎을 붙인 후 중심에 앞뒤로 반원 비즈를 붙여요.

06 화분에 폼클레이를 채우고 꽃을 꽂아요.

07 잎을 꽂아 메모 꽂이 꽃 완성.

▶ 추가 아이디어!!

63쪽 메모 꽂이 꽃 01에서 세모를 접은 후 02와 05의 기호를 생략해서 꽃을 완성해요. 앞면만 완성해서 벽면에 붙이거나 뒷면에 자석을 붙여 현관에 장식해요.

나비와 튤립

나무집게에 나비와 튤립을 꽂아
여러 가지로 활용해 보아요.

TIP 봄 풍경을 꾸며 액자에 넣어서 분위기를 연출해 보세요.

종이 크기 나비 □ 무늬 색종이 7.5×3.75cm 1장　　튤립 꽃 □ 단면 색종이 5×5cm 1장　　튤립 잎 □ 단면 색종이 5×5cm 1장
기타 재료 □ ND 자석　□ 나무집게

▶ How To... 나비 1

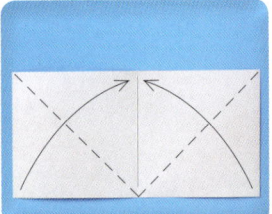

01 정사각형 종이를 반으로 자른 뒤 접어요.

02 01의 기호대로 접은 후 03과 같이 뒤집어요.

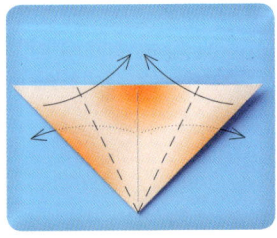

03 뒷장을 펼치며 중심선에 맞춰 접어요.

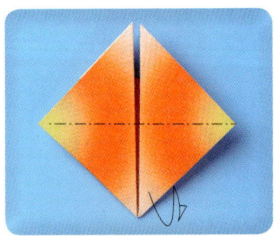

04 뒤로 접었다 펴요.

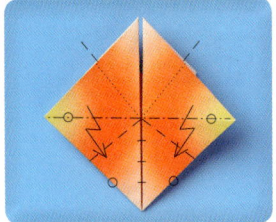

05 ㅇ끼리 맞춰 06과 같이 화살표 방향으로 잡아당겨 눌러 접어요.

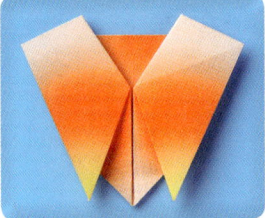

06 05의 기호대로 접은 후 07과 같이 뒤집어요.

07 중심선에 맞춰 접어요.

08 안쪽에 손을 넣어 09와 같은 모양으로 펼쳐 눌러 접어요.

09 반대쪽도 07, 08과 같은 방법으로 접어요.

10 ㅇ와 ㅇ를 맞춰 접어요.

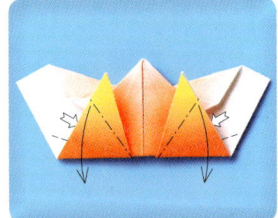

11 펼쳐 눌러 접어요.

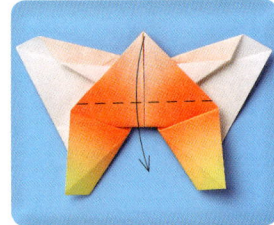

12 접기선대로 접어 내려요.

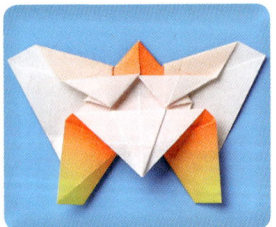

13 12의 기호대로 접은 후 14와 같이 뒤집어요.

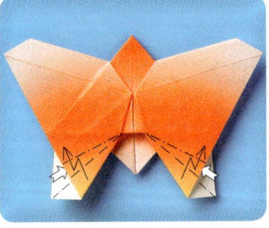

14 계단접기를 해요.

15 나비의 몸통을 입체로 접은 다음 뒤에 자석을 붙여요.

16 나비 1 완성.

▶ How To... 나비 2

   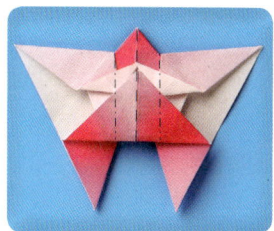

01 나비 1의 08에서 시작해요. 02 A부분과 같이 날개 끝을 보고 펼쳐 눌러 접어요.

02 반대쪽도 같은 방법으로 접어요.

03 O와 O가 이어지게 접어요.

04 나비 1의 15와 같이 몸통을 접은 다음 자석을 붙이고 뒤집어요.

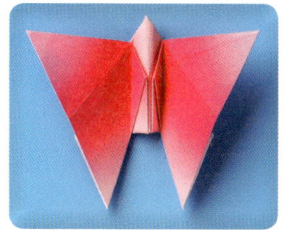

05 나비 2 완성.

▶ How To... 튤립

 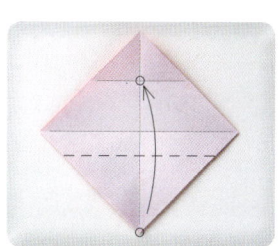 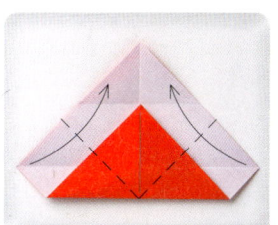 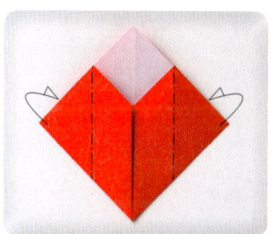

01 삼각접기를 가로세로 접었다 편 후 중심에 맞춰 접었다 펴요.

02 O와 O를 맞춰 접어요.

03 중심선에 맞춰 접어요.

04 뒤로 접어요.

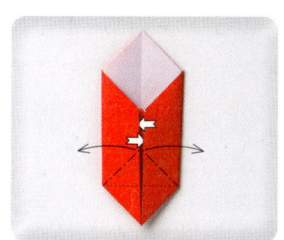 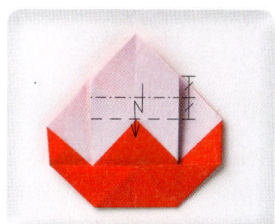  

05 펼쳐 눌러 접어요.

06 계단접기를 해요.

07 06의 기호대로 접은 후 08과 같이 뒤집어요.

08 튤립 완성.

▶ How To... 잎

 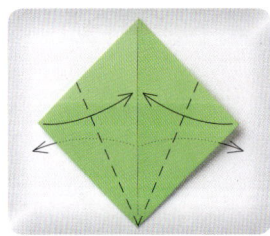 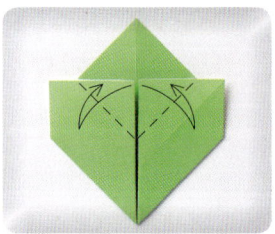 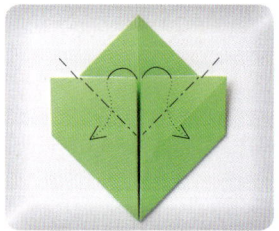

01 튤립 04에서 시작해요. 뒤집어요.   02 중심선에 맞춰 접으면서 뒤를 펴요.   03 사진과 같이 접었다 펴요.   04 안쪽으로 접어 넣어요.

 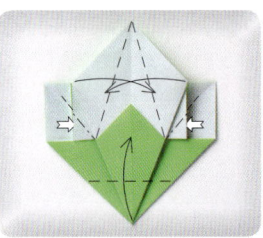  

05 04의 기호대로 접은 후 06과 같이 뒤집어요.   06 접기선을 잘 보고 07과 같이 접어요.   07 07의 기호대로 접은 후 08과 같이 뒤집어요.   08 잎 완성.

▶ How To... 튤립 집게 조립

01 튤립과 잎사귀를 붙여요.   02 나무집게에 튤립을 붙여 튤립 집게 완성.

앉아 있는 소녀

예쁜 인형을 만들어
내 방을 화사하게 꾸며 보세요.

TIP 인형 몸을 2층으로 끼우면
트리로도 활용할 수 있어요.

종이 크기 인형 몸 □ 무늬 색종이 15×15cm 2장   의자 □ 두꺼운 포장지 15×15cm 1장
기타 재료 □ 인형 얼굴 1개   □ 쇼핑백 끈   □ 꽃 리본

▶ How To... 소녀

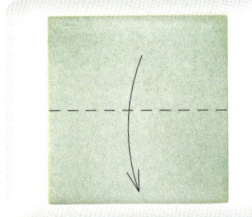
01 반을 접어 내려요.

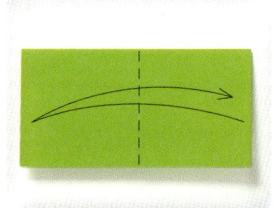
02 접었다 펴요.

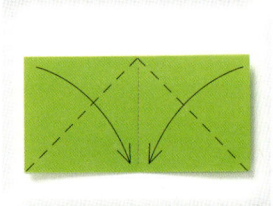
03 중심선에 맞춰 접어요.

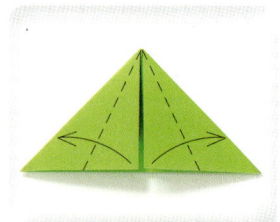
04 화살표 방향으로 접어요.

05 06과 같이 펴요.

06 기준선을 잘 보고 접어요.

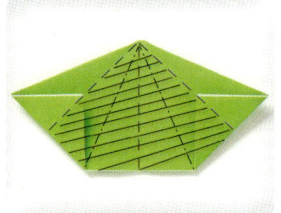
07 빗금 친 부분을 풀칠하고 기호 대로 모아요.

08 접은 모양.

09 소녀 몸 유니트 완성. 같은 방법 으로 1장 더 접어요.

10 08에 얼굴, 팔, 다리를 고정시키 고 09를 겹쳐 붙여요.

11 꽃 리본으로 소녀를 장식해요.

12 소녀 완성.

▶ How To... 의자

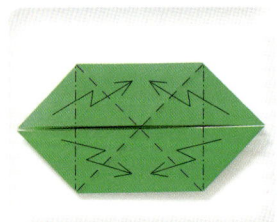
01 쌍배접기에서 시작해요.

02 앞 장을 삼각 주머니에 끼워요.

03 의자 완성. 인형을 앉혀요.

04 앉아 있는 소녀 완성.

인형 상자

깜찍한 인형 상자를 만들어
책상 위 소품들을 수납해 보세요.

종이 크기 상자 □ 양면 무늬 색종이 15×15cm 1장 몸 □ 양면 무늬 색종이 15×15cm 1장 팔 □ 양면 무늬 색종이 7.5×7.5cm 2장 **어깨 장식**
□ 양면 무늬 색종이 5×5cm 2장

기타 재료 □ 인형 얼굴 1개 □ 면봉 2개

▶ How To... 상자(전승)

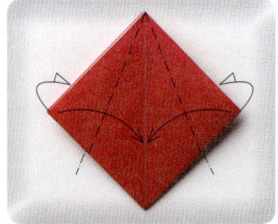 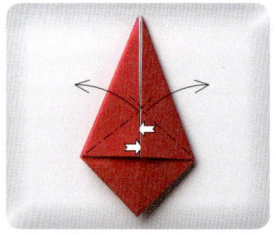 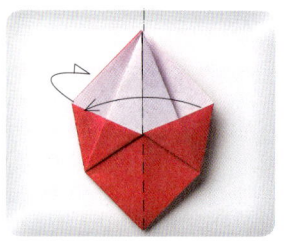 

01 사각주머니접기에서 시작해요. 앞뒤 모두 중심선에 맞춰 접어요.
02 앞뒤 모두 펼쳐 눌러 접어요.
03 좌우로 각각 넘겨요.
04 앞뒤 모두 접어요.

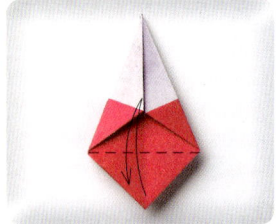   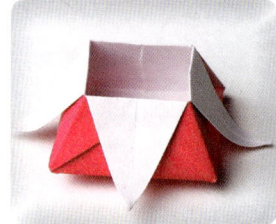

05 접었다 펴요.
06 모두 접어 내려요.
07 펼쳐서 입체로 만들고 끝을 말아요.
08 상자 완성.

▶ How To... 몸

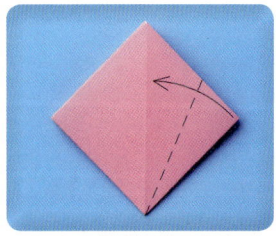   

01 사각주머니접기에서 시작해요.
02 앞 장만 접어 내려요.
03 나머지도 01, 02와 같은 방법으로 접어요.
04 잡아 빼서 05와 같이 만들어요.

 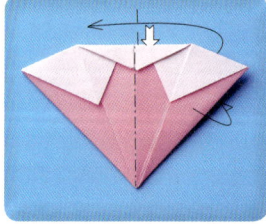 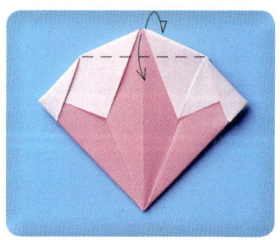 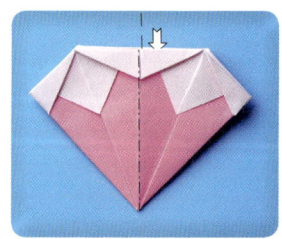

05 앞뒤 모두 접어 내려요.
06 펼쳐 눌러 접어요.
07 앞뒤 모두 접어 내려요.
08 펼쳐서 입체로 만들어 돌려요.

09 몸 완성.

▶ How To... 인형 상자 조립

01 몸 완성에서 사진의 빗금 친 부분의 안쪽에도 풀칠해 붙여요.

02 팔 완성. 같은 방법으로 1장 더 접어 몸에 붙여요.

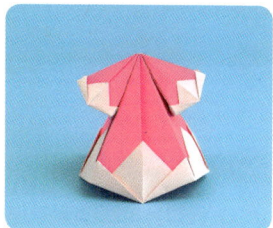

03 몸에 팔을 붙인 모습.

04 11쪽 기본 접기 방법 중 꽃접기 기본형 첫 번째를 참고해서 다른 크기의 팔각으로 잘라 겹쳐 붙여 어깨 장식을 만들고 얼굴을 끼워요.

05 03의 몸에 끼워 붙여요.

06 상자를 덮어요.

07 인형 상자 완성.

▶ How To... 응용 : 팽이

인형 몸을 응용하여 팽이를 만들어요.

01 인형 몸의 07에서 입체로 만들어세워요.

02 접기선을 잘 보고 03이 되도록 한쪽 방향으로 눌러 접어요.

03 중심 손잡이를 비틀어 돌려요.

04 팽이 완성(네 모서리를 접으면 팽이가 더 잘 돌아가요).

문구 왕국 수납 꽂이

삼각기둥 높이를 다르게 접어 다양한 형태와 모양의 수납통을 만들어요.
다용도 수납 꽂이로 사용하면 좋아요.

종이 크기 **오각기둥** □ 양면 포장지 16×24cm 2장 **삼각기둥** □ 양면 포장지 16×22cm 2장 □ 양면 포장지 16×18cm 2장 □ 양면 포장지 16× 16cm 2장 **아치문** □ 양면 포장지 8×4cm 1장 **성곽 띠지** □ 양면 포장지 2.5×50cm

기타 재료 □ 우드락 16×16cm □ 우드락 바닥 종이 28×28cm

▶ How To... 오각기둥

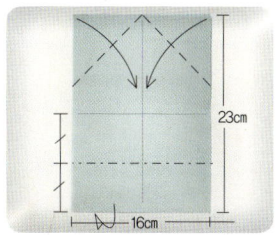
01 가로세로 반 접었다 편 후 중심선에 맞춰 앞뒤로 접어요.

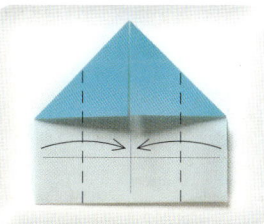
02 문접기해요.

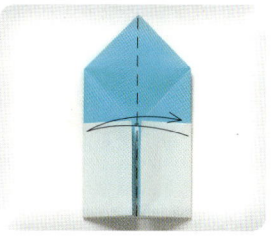
03 반으로 접었다 펴고 04와 같이 다시 펴요.

04 같은 방법으로 1장 더 접으면, 기본 완성이에요.

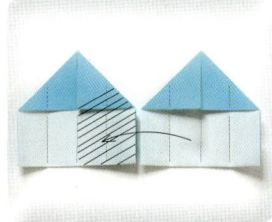
05 04의 기본 2장을 펼쳐 놓고 빗금 친 부분에 풀칠하고 겹쳐 붙여요.

06 빗금 친 부분에 풀칠하고 겹쳐 붙여 오각기둥 모양으로 만들어요.

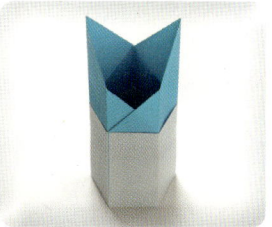
07 오각기둥 완성.

▶ How To... 삼각기둥

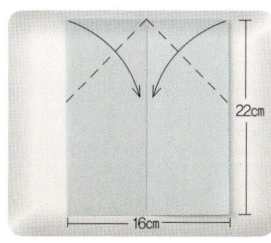
01 반으로 접었다 편 후 중심선에 맞춰 접어요.

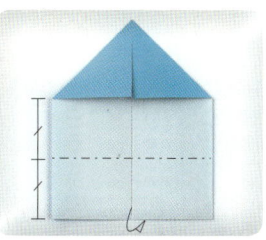
02 뒤로 접은 다음 오각기둥 02, 03과 같은 방법으로 접어요.

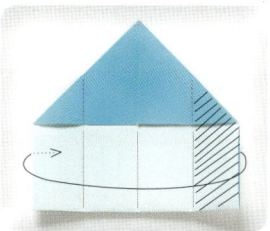
03 빗금 친 부분에 풀칠한 뒤 겹쳐 붙여 삼각기둥 모양으로 만들어요.

04 삼각기둥 완성. 오각기둥에 붙여요(삼각기둥을 여러 개 만들어 다양한 수납 꽂이를 만들 수 있어요).

▶ How To... 아치문

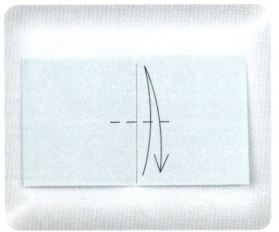 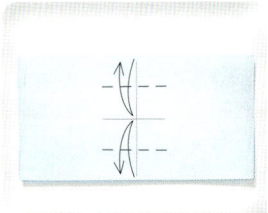 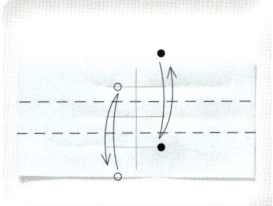 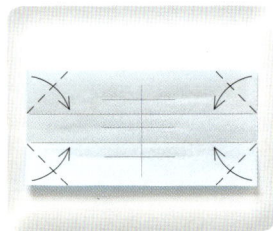

01 반 접었다 펴서 시작해요. 반으로 접어 표시만 내요.
02 4등분 표시만 내요.
03 ○와 ○, ●과 ●을 맞춰 접었다 펴요.
04 4군데 모두 접기선에 맞춰 접어요.

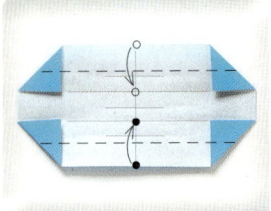 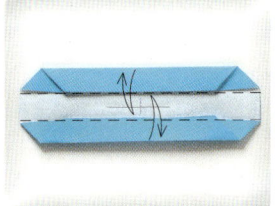 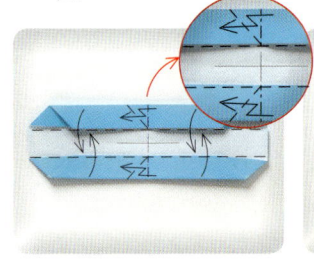 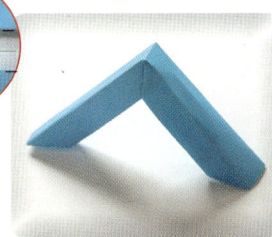

05 ○와 ○, ●과 ●을 맞춰 접어요.
06 접었다 펴요.
07 계단접기를 한 뒤 아치 모양으로 접어요. 뒤집어요.
08 아치문 완성.

▶ How To... 성곽 만들기

01 우드락을 잘라서 세워요.
02 바닥 종이를 붙여서 세워요.
03 띠지를 테두리에 붙여요.
04 입구 부분을 3cm 정도 잘라 펼쳐요. 성곽 바닥 완성.

▶ How To... 문구 왕국 수납 꽂이 조립

01 완성된 성곽 바닥을 놓아요.
02 아치문을 붙여요.
03 문구 왕국 수납 꽂이 완성.

팽이

팽이를 만들어
친구들과 재미있게 놀아요.

PART 1. 아이가 접는 종이접기

종이 크기 □ 무늬 색종이 7.5×7.5cm 1장
기타 재료 □ 이쑤시개 1개

▶ How To... 팽이

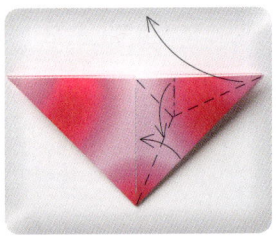
01 삼각주머니접기에서 시작해요. 접기선을 잘 보고 접어요. 뒤쪽도 같은 방법으로 접어요.

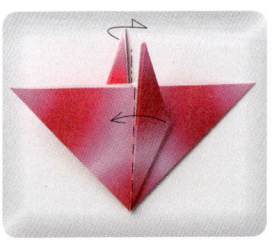
02 좌우로 각각 넘겨요.

03 01과 같은 방법으로 접어요.

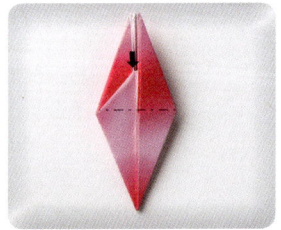
04 중심을 누르면서 05와 같이 입체로 만들어요.

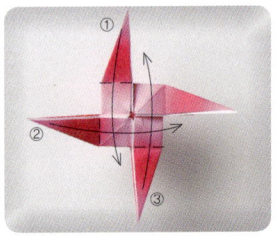
05 순서대로 접어요.

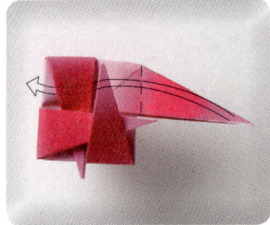
06 끼워 넣어요.

07 중심에 이쑤시개를 끼워 붙여요.

08 팽이 완성.

▶ How To... 응용 : 팽이

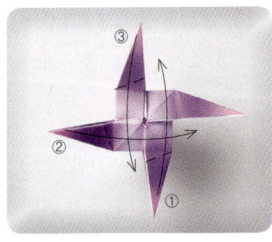
01 팽이 04에서 시작해요. 순서대로 접어요.

02 끼워 넣어요.

03 중심에 이쑤시개를 끼워 붙여요.

04 응용 팽이 완성.

다람쥐 다트판

다람쥐 다트판을 만들고 자석 화살을 던져요.
누가 누가 더 높은 점수를 받나 재미있게 놀아 보세요.

TIP 엄마와 아기 다람쥐를 접어 다른 곳을 장식할 수도 있고, 시간표나 귀여운 다람쥐 상자도 만들어요.

PART 1. 아이가 접는 종이접기

종이 크기 ☐ 단면 색종이 15×15cm 3장
기타 재료 ☐ 다트판 ☐ 금줄

▶ How To... 머리

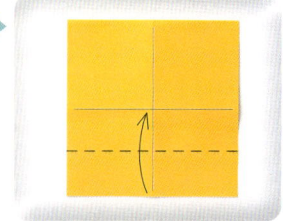
01 가로세로 사각접기로 접었다 펴서 색이 안으로 오도록 중심선에 맞춰 접은 다음 뒤집어요.

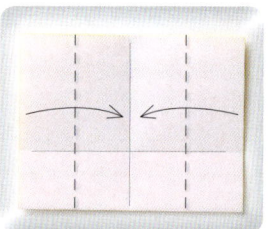
02 중심선에 맞춰 접어요.

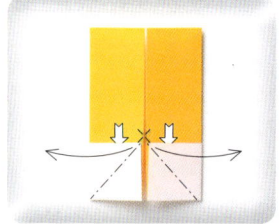
03 펼쳐 눌러 접어요.

04 화살표 방향으로 접어요.

05 화살표 방향으로 접어요.

06 아래로 접어요.

07 중심선에 맞춰 접어요.

08 화살표 방향으로 잡아 빼서 눌러 접어요.

09 아래로 접어요.

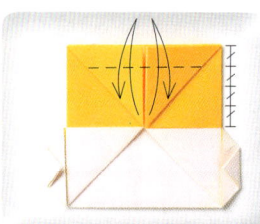
10 등분을 잘 보고 1/4만큼 접었다 펴요.

11 접었다 펴요.

12 화살표 안쪽을 펼쳐 눌러 접어요.

13 14 모양이 나오도록 접어요.

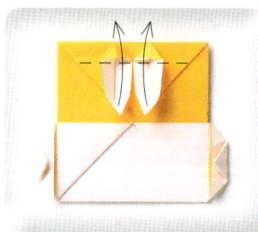
14 위로 접어요.

15 화살표 방향으로 접어요.

16 15의 기호대로 접은 후 17과 같이 뒤집어요.

17 표정을 그려요.

18 머리 완성.

▶ How To... 팔다리

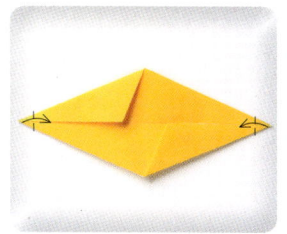
01 63쪽 메모 꽂이 꽃 잎사귀의 03 에서 시작해요.

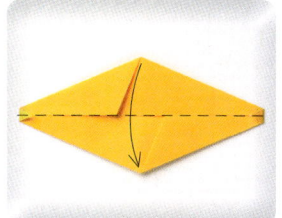
02 아래로 접어요.

03 04 모양이 나오도록 접어요.

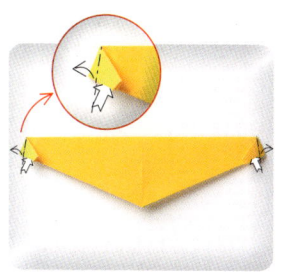
04 펼쳐 눌러 접어요.

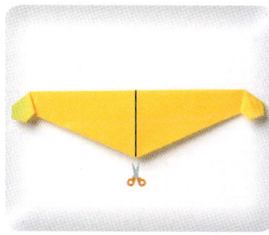
05 같은 모양으로 1장 더 접어요. 2장 모두 선대로 잘라요.

06 그림과 같이 놓고 방향을 맞추어 팔다리를 완성해요.

▶ How To... 꼬리

01 삼각접기로 접었다 편 후 중심선에 맞춰 접어요.

02 03 모양이 나오도록 접어요.

03 아래로 접어요.

04 비스듬히 접어요.

05 04의 기호대로 접은 후 06과 같 이 뒤집어요.

06 꼬리 완성.

▶ How To... 다람쥐 다트판 조립

01 다트판 뒷면에 팔, 다리, 꼬리를 붙여요.

02 머리를 붙이고 구멍에 고리를 달고 뒤집어요.

03 다람쥐 다트판 완성.

▶ 추가 아이디어!!

연필꽂이나 포스트잇 판에 다람쥐를 접어 붙여 나만의 다람쥐 문구 용품을 만들어 책상을 정리해 봐요.

곰돌이 메모판

곰돌이를 접어 공부방 벽면이나 책상 위에 걸어 놓고
메모판으로 사용하세요.

TIP 부채나 칠판 장식으로도 만들 수 있어요.

종이 크기 **얼굴** ☐ 갈색 구김지 20×20cm 1장 **몸** ☐ 갈색 구김지 30×30cm 1장 **팔** ☐ 갈색 구김지 7.5×3.75cm 2장 **입** ☐ 미색 구김지 8×8cm 1장 ☐ 무늬 색종이 4×4cm 2장 **코르크판** ☐ 양면 색종이 14×5cm 2장 ☐ 양면 색종이 11×5cm 2장

기타 재료 ☐ 코르크판 14×11cm 1개 ☐ 리본 ☐ 무빙아이 ☐ 핀 ☐ 구슬줄

▶ How To... 얼굴

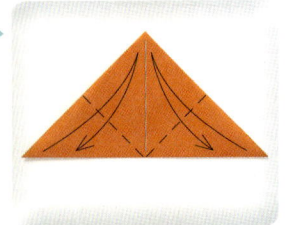

01 삼각접기에서 시작해요. 중심선에 맞춰 접었다 펴요.

02 접기선에 맞춰 접었다 펴요.

03 접기선에 맞춰 접었다 펴요.

04 접기선에 맞춰 펼쳐 눌러 접어요.

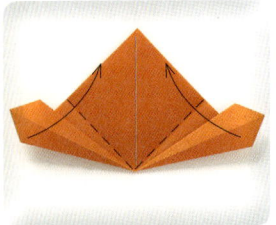

05 접어 올려요.

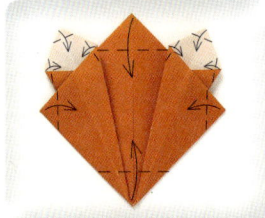

06 모두 접어요.

07 06의 기호대로 접은 후 08과 같이 뒤집어요.

08 얼굴을 접어 놓아요(얼굴 접기 완성).

▶ How To... 입

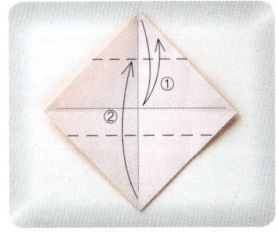

01 가로세로 삼각접기를 접어 펼친 후 순서대로 접어요.

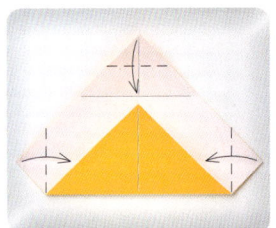

02 3군데를 접어요.

03 접기선에 맞춰 접어서 뒤집어요.

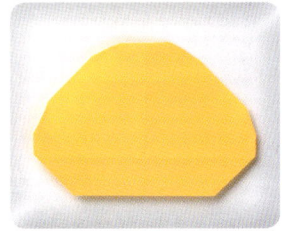

04 입 완성.

▶ How To... 얼굴 조립 방법

01 접어 둔 얼굴.

02 입을 01에 붙이고 표정을 그려요.

03 곰돌이 얼굴 완성.

04 응용으로 더운 여름을 시원하게 해 줄 곰돌이 부채를 접어요.

▶ How To... 몸

01 쌍배접기에서 시작해요. 접었다 펴요.

02 접기선에 맞춰 접어요.

03 접기선에 맞춰 접어요.

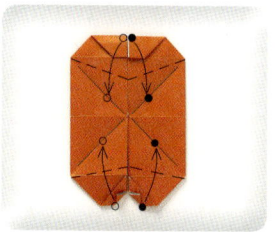
04 위아래 모두 O와 O, ●과 ●을 맞춰 접어요.

05 옷깃에 무늬 색종이를 끼워 붙인 뒤 뒤로 접어요.

06 몸 완성. 얼굴과 팔을 붙여요.

07 곰돌이 완성.

▶ How To... 팔, 꼬리

01 문접기에서 시작해요. 접어 내려요.

02 안쪽으로 접어요.

03 팔(2개), 꼬리 완성.

▶ How To... 메모 코르크판 테두리

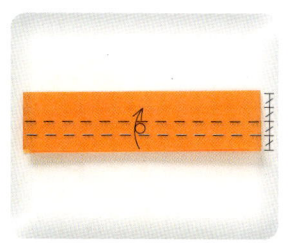
01 반 접어 내려 시작해요. 윗장만 같은 방향으로 계속 접어 올려요. 같은 방법으로 4장을 접어요.

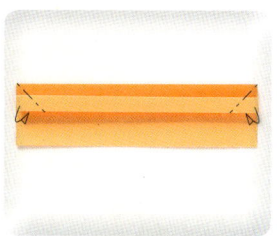
02 14×5cm 2장 완성. 나머지 11×5cm 2장은 양 끝을 안쪽으로 접어요.

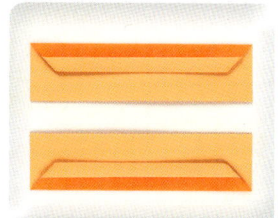
03 02 기호대로 접은 모양 2개.

04 코르크판에 02 2개 03 2개를 붙여서 메모 코르크판 완성.

▶ How To... 곰돌이 메모판 조립

01 완성된 곰돌이를 아래에 놓아요.

02 몸 부분에 메모 코르크판을 끼워요.

03 곰돌이 메모판을 완성해요.

▶ How To... 응용 : 아기 곰돌이 칠판

종이 크기 **몸** ☐ 갈색 색종이 7.5×7.5cm 4장 **얼굴** ☐ 갈색 색종이 7.5×7.5cm 2장 **꼬리** ☐ 갈색 색종이 3.75×3.75cm 2장
기타 재료 ☐ 우드락 ☐ 칠판 시트지 ☐ 리본 ☐ 리본 테이프 ☐ 무빙아이

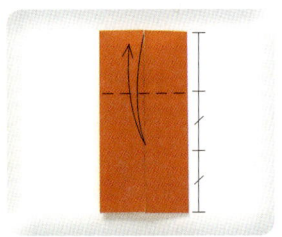
01 문접기를 한 다음 1/3만큼 접었다 펴요.

02 선에 맞춰 오른쪽으로 접어요.

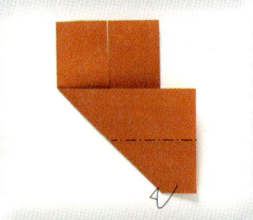
03 뒤로 접어요.

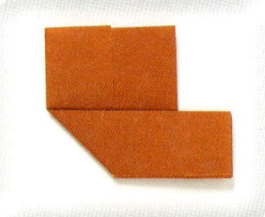
04 완성. 같은 방법으로 1장 더 접어요.

05 빗금 친 부분에 풀칠하고 06과 같이 붙여요.

06 모두 뒤로 접어요.

07 몸 완성. 얼굴과 꼬리를 붙여요.

08 아기 곰 완성. 반대 방향으로 1개 더 접어요.

09 아기 곰돌이 칠판 완성. 칠판을 중심으로 양쪽에 08 곰돌이를 붙여요.

자동차 부릉이

귀여운 장난감 자동차를 만들어 친구들과 경주를 해 보세요.
색종이로 자동차를 접어 표정을 만들어 붙이면 더 귀여운 부릉이가 완성됩니다.

TIP 자동차를 접어서 빈 공간을 우드락으로 채워 완성하면 가지고 놀 수 있는 장난감이 됩니다.

종이 크기 **아래 몸체** □ 단면 색종이 15×15cm 1장　**위 몸체** □ 단면 색종이 15×15cm 1장　**위 몸체 뚜껑** □ 단면 색종이 7.5×7.5cm 1장　**경광등**
　　　　　□ 단면 색종이 3.75×3.75cm 1장　**아래 몸체 장식** □ 단면 색종이 7.5×3.75cm 1장
기타 재료 □ 바퀴　□ 빨대　□ 우드락　□ 반원 크리스탈　□ 스티커

▶ How To... 경광등

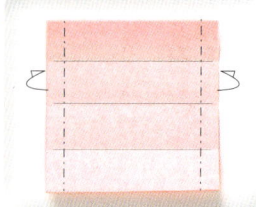
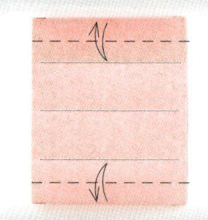
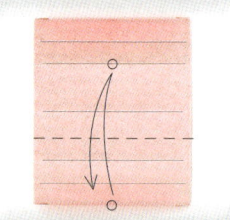
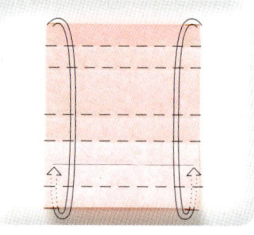

01 문접기로 접었다 펴서 양쪽을 조금씩 뒤로 접어요.
02 사진처럼 접었다 펴요.
03 ○와 ○를 맞춰 접었다 펴요.
04 선대로 접어 화살표 방향으로 끼워요.

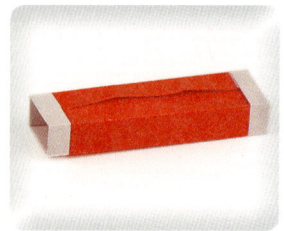

05 경광등 완성.

▶ How To... 위 몸체(전승 상자 응용)

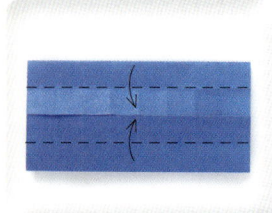
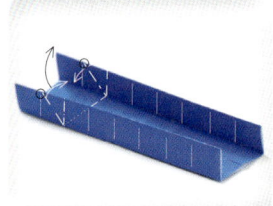

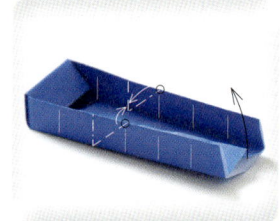

01 가로세로로 8등분하고 문접기에서 시작해요.
02 03과 같이 ○가 안으로 모아지게 접어요.
03 아래로 접어요.
04 05와 같이 ○가 안으로 모아지게 접어요.

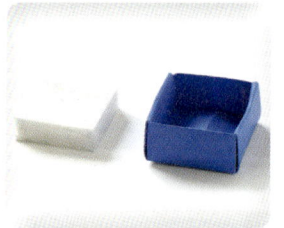

05 아래로 접어 남는 부분은 바닥이 되도록 접어요.
06 위 몸체 완성. 상자 안쪽에 우드락을 넣어요.

▶ How To... 아래 몸체

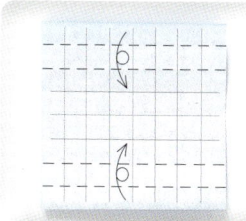

01 가로세로 8등분을 해요.

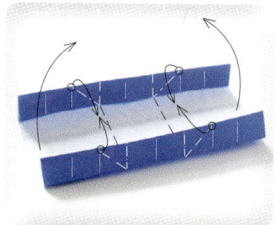

02 03과 같이 ㅇ가 안으로 모아지게 접어요.

03 접기선대로 접어 화살표 안쪽으로 끼워요. 몸체 안에 우드락을 넣어요.

04 아래 몸체 완성.

▶ How To... 아래 몸체 장식

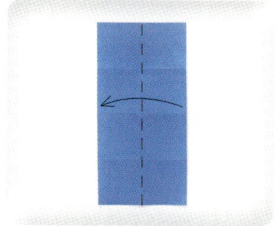

01 가로로 문접기를 접었다 편 후 반을 접어요.

02 선대로 자른 다음 펴요.

03 아래 몸체 장식 완성.

▶ How To... 위 몸체 뚜껑

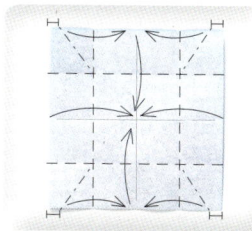

01 문접기를 가로와 세로로 접었다 펴서 시작해요. 왼쪽과 오른쪽 간격을 조금 두고 접어요.

02 빗금 친 부분 앞뒤에 풀칠해 틈새로 접어 붙여요. 반대쪽도 같은 방법으로 접어 붙여요.

03 위 몸체 뚜껑 완성.

▶ How To... 자동차 조립

01 아래 몸체에 장식을 붙이고 위 몸체에 뚜껑을 덮어요.

02 사진처럼 ㅇ 부분끼리 맞춰 붙여요.

03 빨대를 이용해 바퀴를 붙여요.

04 크리스탈 스티커를 이용해 경광등을 붙여서 자동차를 완성해요.

서 있는 산타클로스

산타를 여러 명 접어 나만의 멋진 산타 마을을 꾸며 보아요.
선반 위에 올려놓으면 크리스마스 분위기를 즐길 수 있어요.

종이 크기 산타 □ 단면 색종이 15×15cm 1장   얼굴 □ 단면 색종이 5×5cm 1장
기타 재료 □ 눈 스티커   □ 코볼

▶ How To... 산타 몸체

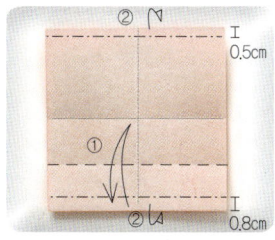
01 사각접기를 2번 한 다음 순서대로 접고 뒤집어요.

02 01의 접은 모양을 확인 후 03과 같이 뒤집어요.

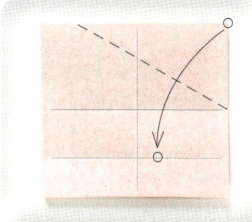
03 O와 o를 맞춰 접어요.

04 접었다 펴요.

05 반대쪽도 03~04까지 같은 방법으로 접어요.

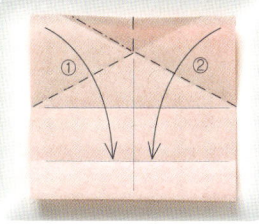
06 07을 참고해서 ①과 ②를 모아 접어요.

07 펼쳐 눌러 접은 뒤 뒤로 접어요.

08 07의 기호대로 접은 후 09와 같이 뒤집어요.

09 중심선에 맞춰 접어요.

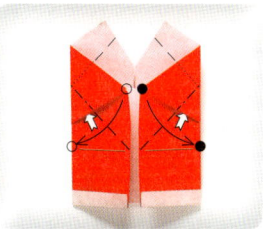
10 O와 o, ●과 ●을 맞춰 눌러 접어요.

11 계단접기를 하여 12와 같이 만들어요.

12 화살표 방향으로 접어 올린 후 돌리세요.

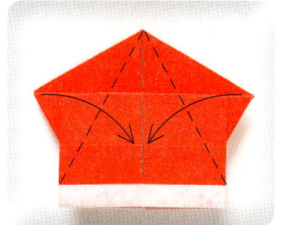
13 중심선에 맞춰 접어요.

14 15와 같이 접어요.

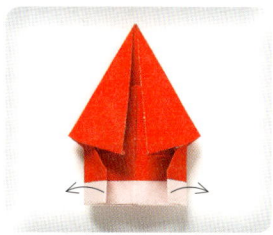
15 살짝 펴고 세워요.

16 산타 몸체 완성.

▶ How To... 얼굴

 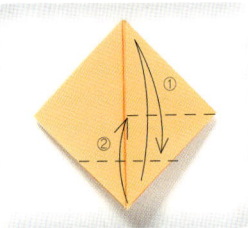 

01 삼각접기 기본형으로 시작해요. 중심선에 맞춰 접어요.

02 순서대로 접은 다음 뒤집어요.

03 얼굴 완성(눈을 그리거나 붙여요).

▶ How To... 서 있는 산타클로스 조립

01 완성된 산타 몸체를 놓아요.

02 산타에 얼굴을 끼워 붙여요.

03 산타클로스 완성(얼굴을 끼운 모양).

▶ 추가 아이디어!!

여러 색깔의 산타를 접어 재미있는 표정도 만들어 봐요. 또 화려한 골판지 바구니에 산타를 세우면 다른 분위기를 연출할 수 있어요.

산타 바구니

산타 바구니를 크게 접은 후 과자를 담아 크리스마스 파티 용품으로 활용해요.
색종이로 접어 사탕이나 초콜릿을 담아 친구들에게 선물할 수도 있어요.

TIP 바구니의 모양을 다르게 접어 냅킨이나 막대 과자를 꽂아 보세요.

종이 크기 ☐ 단면 색종이 15×15cm 7장
기타 재료 ☐ 코볼 ☐ 눈 스티커 ☐ 원 스티커

▶ How To... 바구니 옆면

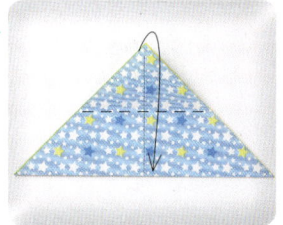

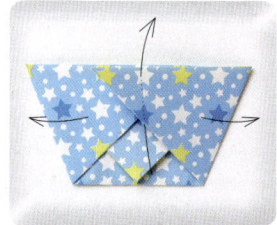

01 삼각접기에서 시작해요. 삼각으로 접었다 펴서 아래로 접어요.
02 03과 같이 접어요.
03 04와 같이 접어요.
04 화살표 방향으로 펴요.

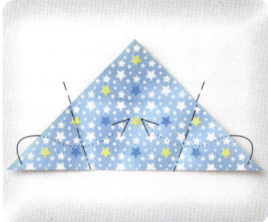

05 안쪽으로 접어요.
06 앞 장만 뒤로 접어 안으로 끼워요.
07 같은 방법으로 1장 더 접어요.

▶ How To... 산타 몸

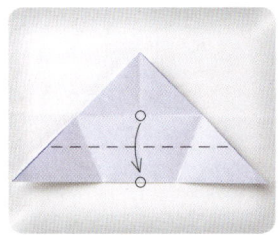

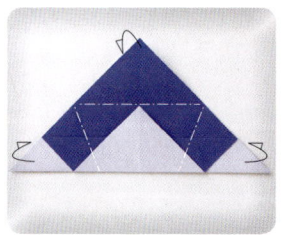

01 색이 안으로 오도록 접어 바구니 옆면 04에서 시작해요. ○와 ○를 맞춰 1장만 아래로 접어요.
02 접기선에 맞춰 위로 접어요.
03 뒤로 접어요.
04 03 접은 모양. 접은 후 05와 같이 돌려요.

05 같은 방법으로 1장 더 접어요.

▶ How To... 산타 머리

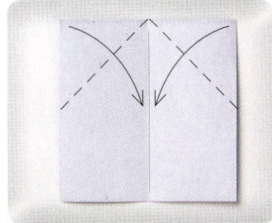
01 반 접었다 펴서 중심선에 맞춰 접어요.

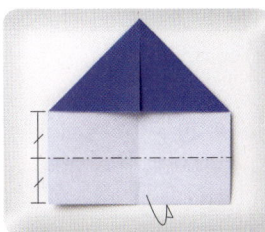
02 뒤로 접어요.

03 조금만 접었다 펴요.

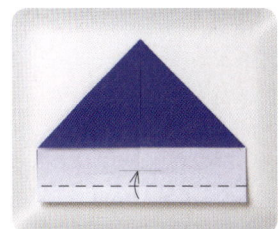
04 위로 접어요.

05 뒤로 접어요.

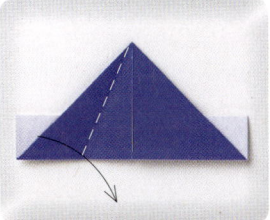
06 중심선에 맞춰 접어요.

07 중심선에 맞춰 접으면서 앞장 뒤로 끼워요.

08 위로 접어서 뒤집어요.

09 같은 방법으로 1장 더 접어요.

10 산타 몸에 머리를 끼워 붙여서 2개 완성해요.

▶ How To... 바닥

01 방석접기로 접었다 펴서 풀칠한 후 접어 붙여요.

▶ How To... 산타 바구니 조립

01 바구니 옆면에 산타 몸을 끼워 붙여요.

02 나머지도 같은 방법으로 조립하고 바닥을 붙여요.

03 모자 끝에 코볼을 붙여 손잡이를 만들어요. 표정을 만들어 완성해요.

PART 2
아이와 함께 접는 종이접기

귀여운 소녀

예쁘게 접어 문 앞에 걸어 놓아요.
개성 있는 우리 집 환영 인사를 적은 글이 있다면 더 좋겠죠.

TIP 18cm 색종이로 접어 휴지 걸이로 활용해 보요.

종이 크기 얼굴 □ 단면 색종이 12×12cm 1장 몸 □ 단면 색종이 15×15cm 1장 다리 □ 단면 색종이 7.5×7.5cm 2장
기타 재료 □ 눈 스티커 □ 끈 10cm

▶ How To... 얼굴

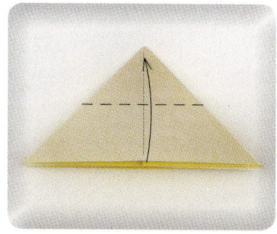

01 삼각주머니접기에서 시작해요. (색이 안으로 들어가게 접어요).

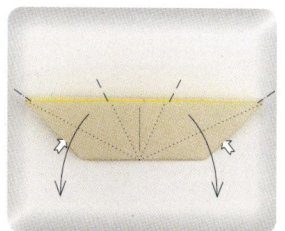

02 펼쳐 눌러 접어요.

03 ○와 ○, ●과 ●을 맞춰 접어요.

04 접었다 펴요.

05 계단접기하면서 위로 올려요.

06 계단접기하면서 위로 올려요.

07 06의 기호대로 접은 후 08과 같이 뒤집어요.

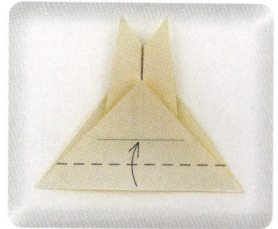

08 접기선에 맞춰 접어 올려요.

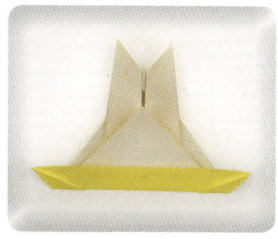

09 08의 기호대로 접은 후 10과 같이 뒤집어요.

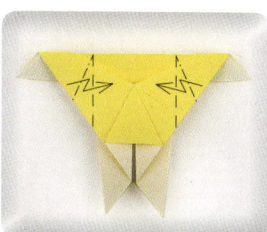

10 11과 같이 되도록 계단접기해요.

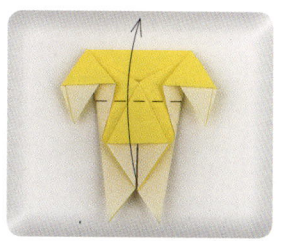

11 접기선에 맞춰 접어 올려요.

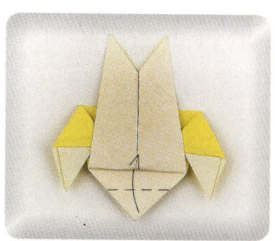

12 조금 안으로 접어 넣어요.

13 12의 기호대로 접은 후 14와 같이 뒤집어요.

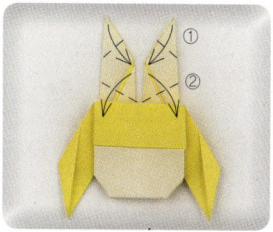

14 순서대로 접어 내려요.

15 눈과 입을 그리거나 스티커를 붙여요.

16 인형 얼굴 완성.

▶ How To... 원피스

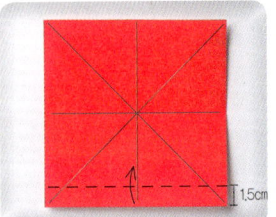 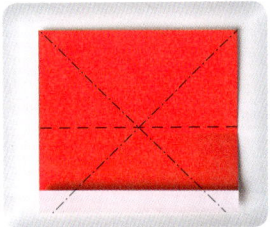  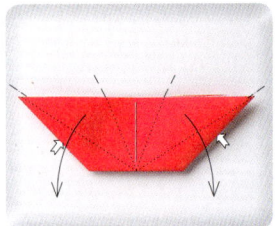

01 삼각주머니접기를 한 후 펼쳐서 1.5cm 접어요.　02 점선과 같이 뒤로 모아 접어요.　03 ○와 ○를 맞춰 접은 다음 뒤집어요.　04 아래로 펼쳐 눌러 접어요.

 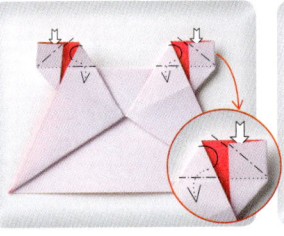  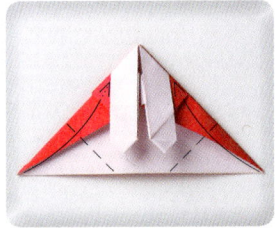

05 접었다 펴요.　06 안쪽으로 접으며 펼쳐 눌러 접어요.　07 양옆을 안쪽으로 접기하고 접어 내려요.　08 안으로 살짝 끼워지게 접어요.

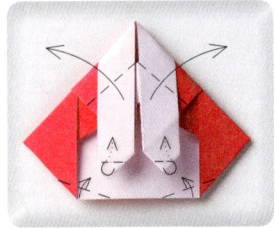 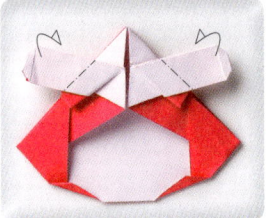 

09 끝 부분을 안쪽으로 접고 팔과 치마 끝을 접어요.　10 뒤로 접은 다음 뒤집어요.　11 원피스 완성.

▶ How To... 다리

 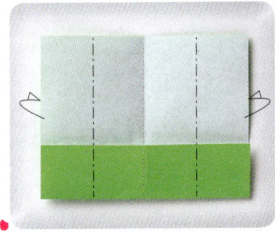 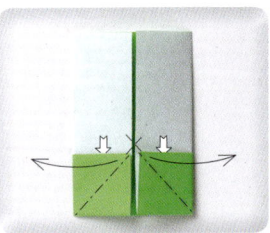 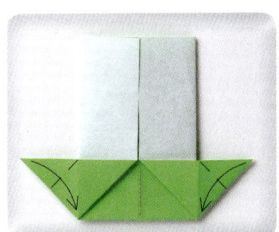

01 가로세로 접었다 펴고 시작해요.　02 접은 다음 뒤집어요.　03 펼쳐 눌러 접어요.　04 접기선에 맞춰 양옆을 접어요.

05 접기선에 맞춰 반을 접어요.

06 다리 완성. 같은 방법으로 1개 더 접어요.

▶ How To... 귀여운 소녀 조립

01 원피스에 머리와 다리를 붙여요.

02 귀여운 소녀 완성.

03 머리 위로 끈을 달고 방문 앞에 걸어 보세요.

▶ 추가 아이디어!!

뒤에 자석을 붙여 냉장고에 붙여 놓고 메모판으로 활용해 보세요.

모빌

엄마와 아이가 함께 예쁜 모빌을 접어요.
우리 집을 환하게 장식할 수 있어요.

TIP 상단 6장으로 조립해도 멋진 모빌이 돼요.

종이 크기 **하단** ☐ 단면 또는 무늬 색종이 15×15cm 6장 **상단** ☐ 무늬 색종이 11.7×11.7cm 6장
기타 재료 ☐ 진주 ☐ 낚싯줄

▶ How To... 하단

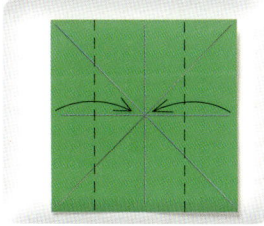 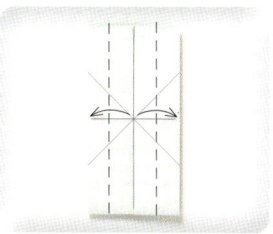 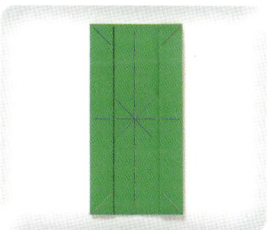 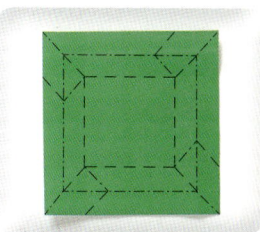

01 삼각접기, 사각접기로 양쪽 접었다 펴서 시작해요.
02 반을 접어요.
03 펴서 반대쪽도 01, 02와 같은 방법으로 접은 뒤 펴요.
04 기호대로 모아서 05와 같이 만들어요.

 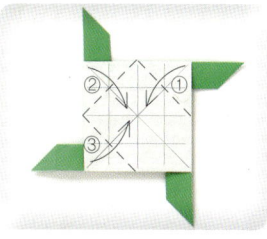 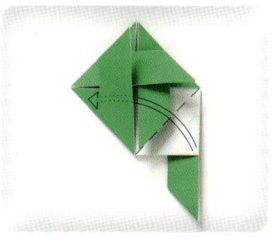 

05 04의 기호대로 접은 후 06과 같이 뒤집어요.
06 순서대로 접어요.
07 사진과 같이 끼워요.
08 안쪽으로 접어요.

09 접었다 펴서 입체로 세워요.
10 하단 완성. 같은 방법으로 5장 더 접어요.

▶ How To... 상단

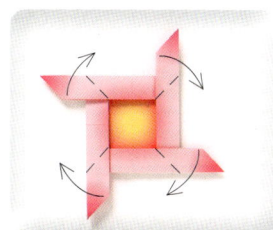 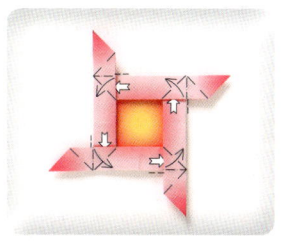 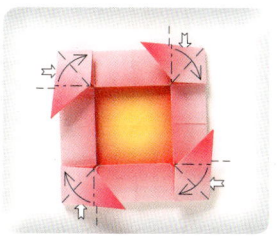 

01 하단 05에서 시작해요.
02 주머니를 만들며 펼쳐 눌러 접어요.
03 위쪽도 주머니를 만들며 펼쳐 눌러 접어요.
04 03의 기호대로 접은 후 05와 같이 뒤집어요.

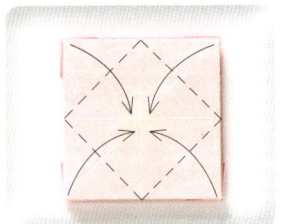
05 방석접기해요.

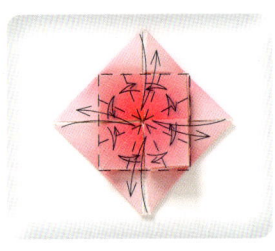
06 접었다 펴서 입체로 손질해요.

07 상단 완성. 같은 방법으로 5장 더 접어요.

▶ How To... 모빌 조립

01 하단에 상단을 끼워요. 반대쪽도 같은 방법으로 끼워요.

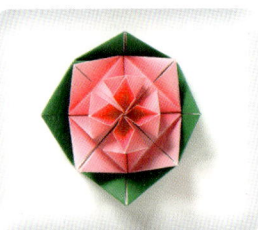
02 같은 방법으로 모두 끼워요.

03 2개를 끼워요.

04 엇갈려 끼워요.

05 같은 방법으로 나머지도 조립하세요.

06 유니트 완성. 55쪽 물고기 모빌의 구슬 연결 방법을 참고하여 모빌을 완성해요.

07 모빌 완성.

매듭을 사용한 모빌.

상단 6개를 응용 조립한 모습.

상단을 6장, 2장 조립한 응용 모빌.

▶ 추가 아이디어!!

다양한 컬러의 종이로 여러 가지 모빌을 만들수 있어요. 만들어 놓은 모빌에 진주 등으로 장식하고 낚싯줄을 묶어 모빌을 완성해요.

문양 부채

엄마와 아이가 함께 전통 문양 부채를 만들어요.
시원하게 사용하고 에너지도 절약해요.

PART 2. 아이와 함께 접는 종이접기

종이 크기 **본체** □ 양면 무늬 포장지 15×15cm 4장   **문양 조각** □ 양면 무늬 포장지 6.5×6.5cm 4장   **바닥** □ 양면 무늬 포장지 21×21cm 2장
기타 재료 □ 부채 손잡이 □ 매듭 □ 자수 장식

▶ How To... 본체

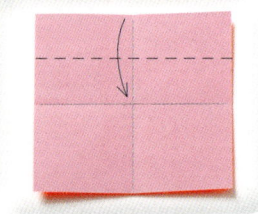

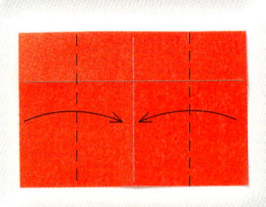
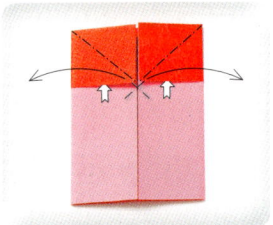

01 가로세로로 반 접었다 펴요. 중심선에 맞춰 접어 내려요.

02 접어 내린 상태로 뒤집어요.

03 문접기해요.

04 펼쳐 눌러 접어요.

05 지붕 아래 선에 맞춰 접어 올려요.

06 왼쪽을 중심에 맞춰 접어 내려요.

07 1장만 잡아 빼요.

08 펼쳐 눌러 접어요.

09 위의 1장만 접어 내려요.

10 각각 앞뒤로 중심에 맞춰 접어요.

11 위의 1장을 원래대로 펴요.

12 같은 방법으로 3장 더 접어요.

13 빗금 친 부분에 풀칠해서 끼우면서 겹쳐 붙여요.

14 13과 같은 방법으로 나머지도 붙여요.

15 본체 완성.

▶ How To... 문양 조각과 조립

01 사각주머니접기 기본형에서 시작해요. 앞뒤 각각 접어요.

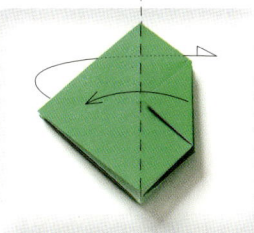

02 좌우로 접어요.

03 문양 조각 완성. 같은 방법으로 3장 더 접어서 본체에 끼워 붙여요.

04 완성된 문양을 방석접기한 바닥에 붙이고 모서리를 뒤로 접어요(방석접기에서 모서리를 접는 바닥용 하나를 더 준비해요).

05 남은 바닥 위에 매듭을 사이에 넣고 겹쳐 붙여 완성해요.

06 부채 완성.

07 5cm 4장 문양 조각을 더 끼운 응용 부채.

▶ 추가 아이디어!!

한국 분위기를 내는 문양 부채에는 매듭이나 자수를 달아 주면 좋아요. 매듭이나 자수는 인사동이나 남대문에서 구입할 수 있어요.

벽걸이 장식 액자

색종이의 색상과 무늬에 따라 다른 느낌이 나요.
장식할 물건이나 사진을 미리 생각해서 접어 봐요.

TIP 여러 개를 만들어 연결하면 벽걸이 장식으로 활용할 수 있어요.

종이 크기 ☐ 양면 무늬 색종이 15×15cm 5장
기타 재료 ☐ 마분지 ☐ OHP 필름지 ☐ 전통 매듭 줄 ☐ 장식 꽃

▶ How To... 액자

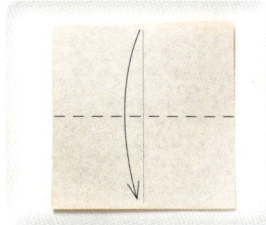 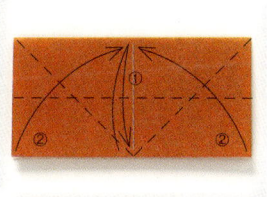  

01 반 접었다 편 후 색종이의 반을 접어 내려요.
02 접었다 편 뒤 윗장만 선에 맞춰 접어요.
03 뒤로 접어요.
04 화살표 방향으로 펼쳐 눌러 접은 다음 뒤집어요.

   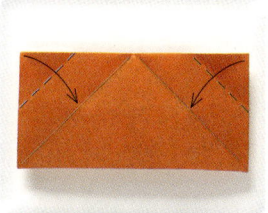

05 같은 방향으로 계속 접어요.
06 윗부분을 뒤로 접은 다음 접었다 펴요.
07 양쪽을 펼쳐요.
08 접기선대로 접어요.

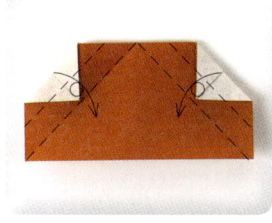 

09 같은 방향으로 계속 접어 입체로 세워요.
10 완성. 같은 방법으로 3장 더 접어요.

▶ How To... 벽걸이 장식 액자 조립

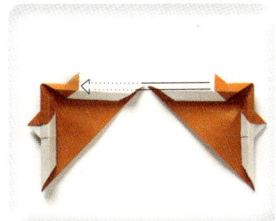 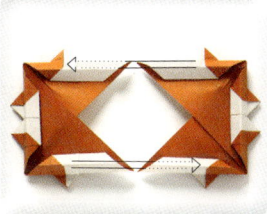  

01 2장을 사진과 같은 방법으로 끼워 조립해요.
02 01과 같은 방법으로 4장을 끼워 조립해요.
03 장식물이나 사진의 크기를 정한 다음 마분지와 바닥 종이를 넣고 끼우면서 조절해서 풀칠해요.
04 액자 완성. 사진 액자는 사진과 필름지를 끼운 뒤 모두 붙여요.

시계 집

예쁜 종이로 접어 책상 위에 놓으면,
나만의 멋진 시계가 된답니다.

TIP 15cm 색종이로 접어 귀여운 강아지 집을 만들어 봐요.

종이 크기 **본체** ☐ 양면 포장지 25×25cm 1장   **앞판** ☐ 양면 포장지 24×24cm 1장   **지붕** ☐ 양면 포장지 20×20cm 1장   **굴뚝** ☐ 양면 포장지 7.5×7.5cm 1장

기타 재료 ☐ 무브먼트   ☐ 시계 바늘   ☐ 숫자   ☐ 단면 큐빅

▶ How To... 본체

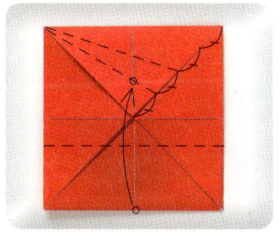
01 방석접기에서 시작해요. 비율을 보고 접었다 편 선을 낸 뒤 O와 O를 맞춰 접어요.

02 위에서 아래로 펴요.

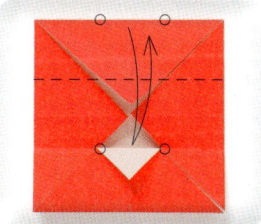
03 맞은편도 O와 O를 맞춰 접었다 펴요.

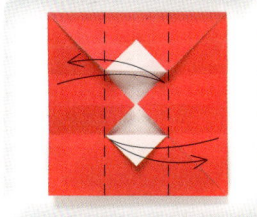
04 반대쪽도 접었다 펴요.

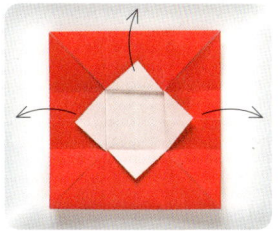
05 3군데를 펴요.

06 접기선대로 접어요.

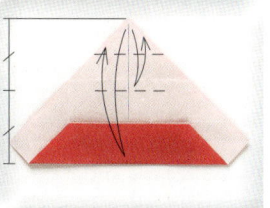
07 등분대로 접었다 편 선을 만들어요.

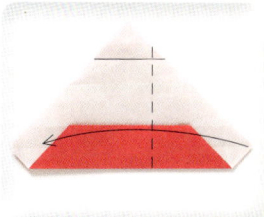
08 접선을 잘 보고 접어요.

09 O와 O를 잘 맞춰 접어요(O는 07에서 접은 선).

10 반대쪽도 08, 09와 같은 방법으로 접어요.

11 빗금 친 부분에 풀칠해서 접어요.

12 기호대로 접어요.

13 14와 같이 지붕 형태로 만들어요.

14 지붕 안쪽을 풀칠해 붙여요.

15 본체 완성.

▶ How To... 앞판

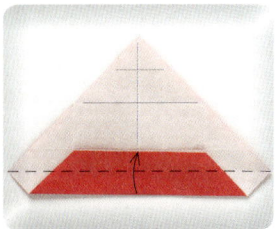  

01 111쪽 본체 07에서 시작해요. 접기선대로 반을 접어요.

02 08~14까지 같은 방법으로 접어요.

03 앞판 완성(시계 부품이 조립될 부분).

▶ How To... 지붕

  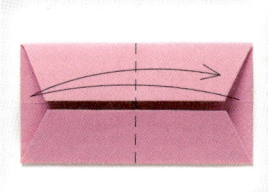 

01 방석접기에서 시작한 다음 중심선에 맞춰 접었다 펴고 모서리를 접어요.

02 다시 중심선에 맞춰 접어요.

03 반을 접었다 펴요.

04 지붕 완성.

▶ How To... 굴뚝

 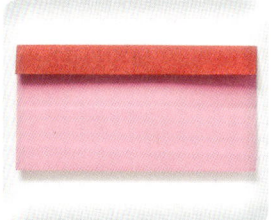 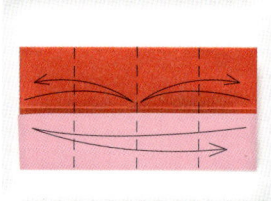 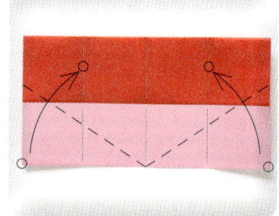

01 문접기에서 편 다음 위는 같은 방향으로 계속 접고 아래는 뒤로 접어요.

02 02의 기호대로 접은 후 뒤집어요.

03 중심선에 맞춰 접었다 펴고 양쪽으로 문접기 후 펴요.

04 o와 o를 맞춰 접어요.

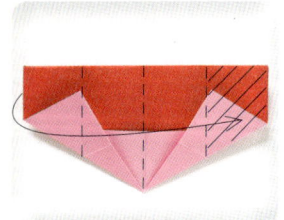 

05 입체로 만든 뒤 빗금 친 부분에 풀칠해 붙여요.

06 굴뚝 완성.

▶ How To... 시계 집 조립

01 지붕 위에 굴뚝을 붙여요.

02 본체 완성.

03 지름 5cm 시계판을 만들어 종이 테이프로 고정시킨 후 가운데 구멍을 뚫고 무브먼트를 꽂아요.

04 숫자와 단면 큐빅을 붙여요.

05 시계판을 떼고 무브먼트를 나사로 조이고 시침, 분침, 초침을 차례대로 끼워요.

06 본체에 끼워요.

07 시계 집을 완성해요.

▶ 추가 아이디어!!

앞판에 시계 부품을 조립할 때 시계 초침이 길다면 잘라서 사용해요.

거울 서랍장

예쁜 핀이나 머리 끈을 모아서 서랍장에 담아 봐요.
주변도 깨끗하게 정리하고 거울을 통해 예쁜 내 모습도 확인해요. 단장이 끝나면 거울을 덮어 보관하세요.

종이 크기 **서랍** □ 양면 포장지 23.5×23.5cm 2장 **장** □ 양면 포장지 25×25cm 2장 **덮개** □ 양면 포장지 12.7×12.7cm 1장 **거울판** □ 양면 포장지 12.3×12.3cm 1장 **연결대** □ 양면 포장지 6×6cm 2장

기타 재료 □ 거울 8×8cm 1개 □ 줄구슬 35cm □ 마분지 8.7×8.7cm 2장 □ 마분지 8.3×8.3cm 2장

▶ How To... 서랍

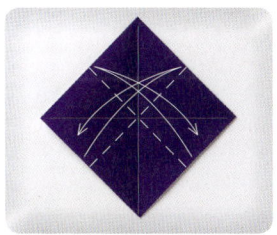

01 색을 앞쪽으로 놓고 양쪽 삼각접기로 접었다 펴서 시작해요. 선대로 접었다 펴고 뒤집어요.

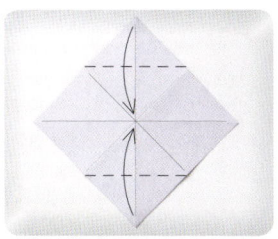

02 중심에 맞춰 접어요.

03 중심선에 맞춰 접었다 펴요. 모두 편 후 반대쪽도 02, 03까지 같은 방법으로 접어요.

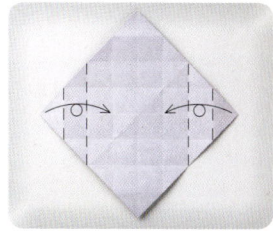

04 양쪽을 같은 방향으로 계속 접어요.

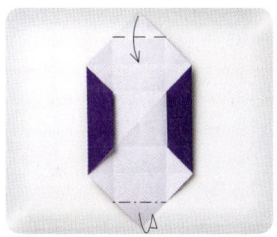

05 화살표 방향대로 접어요.

06 o와 o 부분을 안쪽으로 끌어당겨 세워 07 모양이 나오도록 접어요.

07 아래로 접어요. 빗금 친 부분에 풀칠해 붙여요.

08 06과 같은 방법으로 09 모양이 나오도록 접어요.

09 o 부분을 화살표 방향으로 끌어내려 10 모양이 나오도록 모아요.

10 펼쳐 눌러 접어요.

11 화살표 방향으로 접어요.

12 접은 모양. 반대쪽도 10, 11과 같은 방법으로 접어요.

13 서랍 완성.

▶ How To... 장

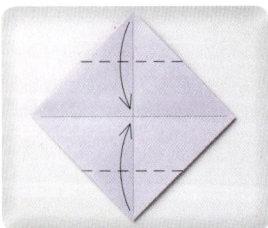 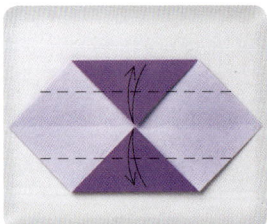  

01 양쪽 삼각접기로 접었다 펴서 시작해요. 중심에 맞춰 접어요.
02 중심선에 맞춰 접었다 펴요.
03 ○ 부분으로 당겨 접어요.
04 뒤로 접어요.

 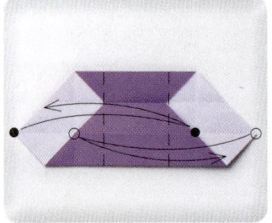 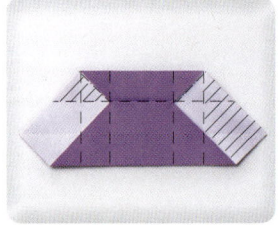 

05 화살표 방향으로 접었다 펴요.
06 ●과 ●, ○와 ○가 만나도록 접었다 펴요.
07 08 모양이 나오도록 접어요.
08 07의 빗금 친 부분에 풀칠하고 마분지를 넣어 09 모양이 나오도록 접어요.

09 같은 방법으로 1장 더 만들어요.

▶ How To... 덮개 거울판

01 양쪽 삼각접기로 접었다 펴서 방석접기로 접어요. 덮개는 무늬가 보이게, 거울판은 무늬를 안으로 접어요.
02 2장 모두 안쪽에 마분지를 넣어요.
03 2장 모두 풀칠해 붙여요.

▶ How To... 거울 서랍장 조립

01 빗금 친 부분에 연결대를 삼각접기로 접었다 펴서 붙여요.

02 거울판에 거울을 붙인 후 연결대를 삼각접기로 접었다 펴서 뒷면에 붙여요.

03 덮개의 빗금 친 부분에 풀칠한 뒤 거울판 연결대를 0끼리 만나게 접어 붙여요.

04 붙인 모양.

05 빗금 친 부분에 풀칠해서 장 뒷면에 붙여요.

06 거울 서랍장 완성.

07 거울을 올린 모습.

My car 스프링 인형

좋아하는 색깔의 종이로 귀여운 인형을 만들어요.
차 안을 멋지게 장식할 수 있어요.

종이 크기 **몸** □ 흰색 펄구김지 7.5×7.5cm 3장 **팔** □ 흰색 펄구김지 3.75×3.75cm 6장 **고정용 삼각뿔** □ 흰색 펄구김지 5×5cm 3장 **리본** □ 흰색 펄 구김지 2×2cm 2장

기타 재료 □ 인형 머리 □ 접착 스프링 □ 구슬 □ 우드락 본드 □ 단면 큐빅 □ 글루건

▶ How To... 몸, 팔

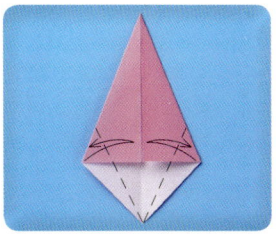 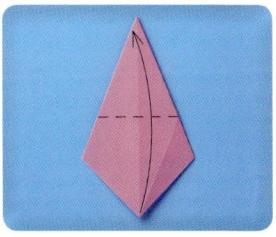 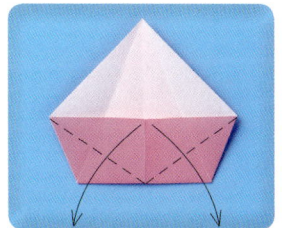 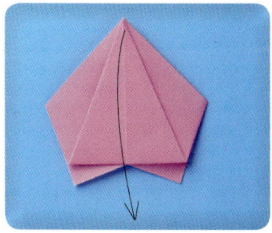

01 아이스크림접기에서 시작해요. 접었다 편 다음 뒤집어요.

02 접어 올려요.

03 아래로 접어 내려요. 뒤집어요.

04 윗장만 내려요.

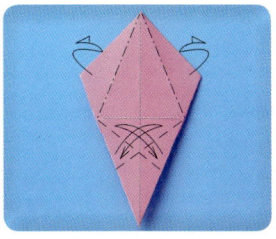 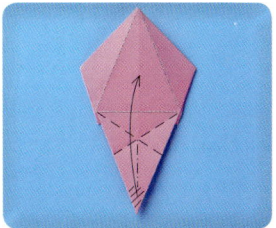  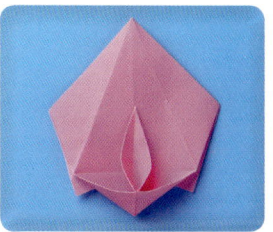

05 모두 접었다 펴요.

06 접기선대로 접어 올리면서 빗금 친 부분에 풀칠하여 붙여 입체로 접어요.

07 중간 과정(파란선 부분을 본드로 고정해요).

08 완성. 같은 방법으로 2장 더 접어요.

▶ How To... 몸 조립

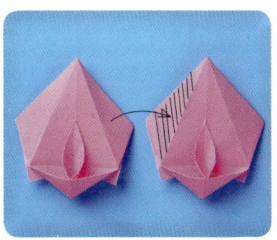 

01 빗금 친 부분에 풀칠하여 3장 모두 맞대고 붙여 삼각뿔 형태로 만들어요.

02 몸 완성. 팔도 같은 방법으로 2개 접어요.

▶ 추가 아이디어!!

몸과 팔은 종이 사이즈만 다를 뿐 접기 방법은 같아요. 몸에 팔을 붙여 인형 몸을 완성해요.

▶ How To... 스프링 고정용 삼각뿔

 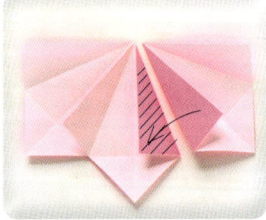  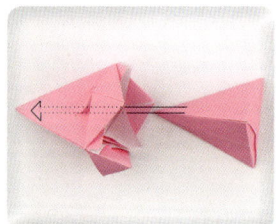

01 아이스크림접기 기본형으로 3장을 접은 후 모두 접었다 펴요.
02 빗금 친 부분에 풀칠하여 맞대고 붙여 삼각뿔로 만들어요.
03 삼각뿔 완성.
04 삼각뿔을 몸 완성본에 끼워요.

▶ How To... 리본

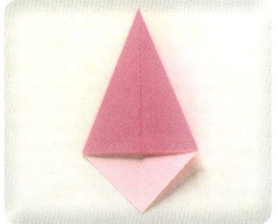 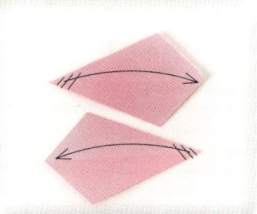  

01 아이스크림접기 기본형으로 2장 접어요.
02 빗금 친 끝 부분에 풀칠하여 동그랗게 입체로 붙인 다음 2개를 겹쳐 풀칠해요.
03 장식을 붙여요.
04 리본 완성.

▶ How To... 인형 조립

01 구슬의 크기와 색깔을 맞춰 붙이고 팔과 리본도 붙여요.
02 인형 머리와 스프링을 붙여요. 인형 완성.

▶ 추가 아이디어!!

연두색, 연분홍색 펄구김지로 다양한 색상의 인형을 만들수 있어요. 인형 머리도 다양하게 붙여 볼 수 있어요.

집 화단

내가 만든 예쁜 꽃을 화단에 꽂아요.
나만의 벽걸이 화단이 된답니다.

TIP 조금 두께감이 있는 종이로 튼튼하게 접어 여러 용도로 사용해 봐요.

종이 크기 화단 □ 양면 포장지 또는 직녀지 25×25cm 1장

기타 재료 □ 장식 리본 테이프

▶ How To... 화단

01 양쪽 삼각접기를 한 다음 다시 중심선에 맞춰 시작해요. 윗장만 등분을 잘 보고 접었다 펴요.

02 ㅇ와 ㅇ를 맞춰 접었다 펴요.

03 접어요.

04 ㅇ와 ㅇ를 맞춰 접어요.

05 1번 더 접어요.

06 07과 같이 펴세요.

07 02에서 만든 선에 맞춰 08과 같이 입체로 만들어요.

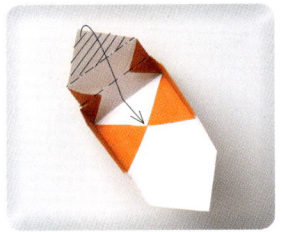

08 접선을 잘 보고 접어요(이때 빗금 친 부분에 풀칠해요).

09 10과 같은 모양이 되도록 접어요.

10 순서대로 접었다 펴요.

11 표시된 부분을 가위로 잘라내고 접어요.

12 계단접기해요.

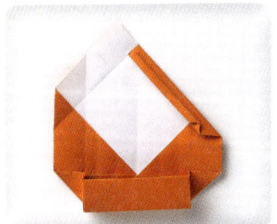

13 반대쪽도 11~12와 같은 방법으로 접어요.

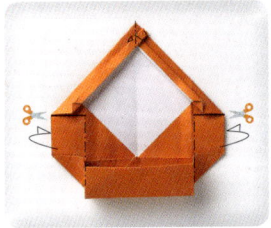

14 지붕 위를 접고 가위로 양옆을 자르고 뒤로 접어요.

15 완성된 화단에 꽃을 꽂아 장식을 해요.

16 집 화단 완성.

네잎꽃

여러 송이를 만들어 묶으면 멋진 꽃다발이 됩니다.
영원히 시들지 않는 꽃을 선물하세요.

종이 크기 꽃 □ 무늬 색종이 7.5×7.5cm 3장   잎 □ 양면 색종이 7.5×7.5cm 3장   화분 □ 포장지 3.5×7cm 1장
기타 재료 □ 지름 3.5cm 백업 □ 철사 □ 지끈 약간

▶ How To... 꽃

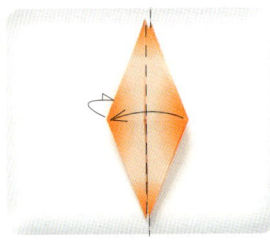
01 학접기에서 시작해요. 화살표 방향으로 앞뒤를 각각 접어요.

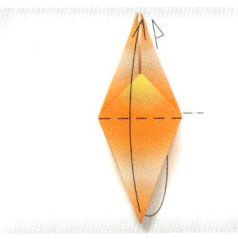
02 앞 장과 뒷장을 올려 접어요.

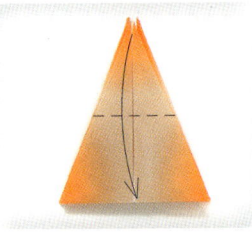
03 접어 내려요.

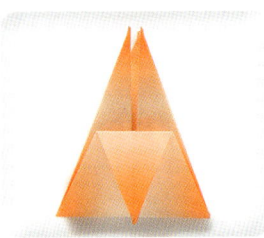
04 나머지 3곳 모두 03과 같이 접어 내려요.

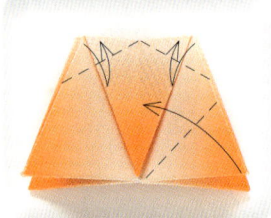
05 중심선에 맞춰 접고 위쪽은 접었다 펴요.

06 나머지 3곳 모두 05와 같이 접어요.

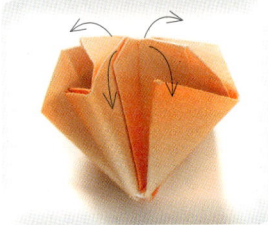
07 08과 같이 꽃잎을 살짝 펼쳐요.

08 가운데 꽃심을 살짝 누르세요.

09 꽃 완성.

▶ How To... 잎

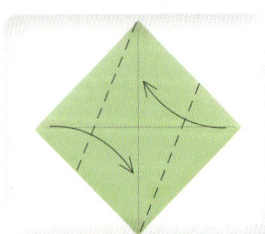
01 중심선에 맞춰 접어요.

02 중심선에 맞춰 접어요.

03 반 접어요.

04 접기선에 맞춰 접었다 펴요.

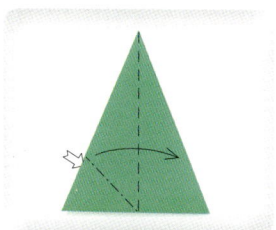
05 펼쳐 눌러 접어요.

06 뒤쪽도 펼쳐 눌러 접어요.

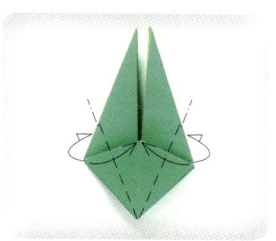
07 앞뒤 모두 중심선에 맞춰 접어요.

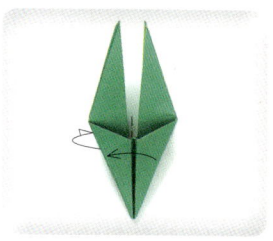
08 앞뒤 1장씩 화살표 방향으로 접어요.

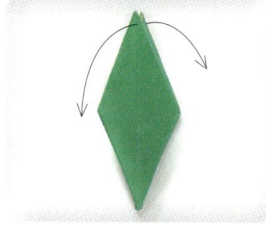
09 잎을 화살표 방향으로 펼치면서 둥글게 손질해요.

10 잎 완성.

▶ How To... 꽃 조립

01 철사 끝에 목공 본드를 칠한 뒤 꽃 밑으로 꽂아요.

02 잎을 철사에 꽂아요.

03 조립 완성. 철사 길이를 달리해서 3송이 만들어요.

▶ How To... 화분 조립

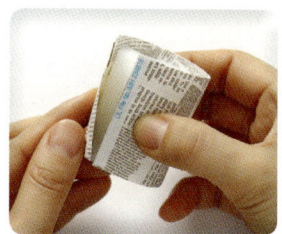
01 지름 3.5cm 백업을 포장지로 말아 붙여 줘요.

02 완성된 화분에 꽃을 꽂아요.

03 꽃 화분 완성.

하우스 다용도 걸이

색상과 크기를 다양하게 만들어 현관이나 벽에 걸어 놓아요.
우편물 수납, 메모판, 열쇠 걸이로 사용하세요.

종이 크기 **편지꽂이** □ 양면 포장지 36×24cm 1장　**뒤판** □ 양면 포장지 31×22cm 1장　**열쇠 걸이** □ 양면 포장지 4.5×2.5cm 6장
기타 재료 □ 코르크판　□ 열쇠 걸이　□ 리본 테이프　□ 단면 큐빅　□ 줄구슬

▶ How To... 편지꽂이

01 가로세로 접었다 편 후 중심선에 맞춰 앞뒤로 접어요.

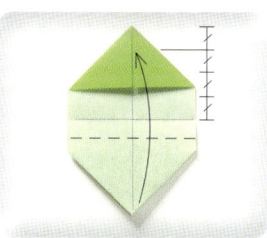
02 1/4 표시 선을 맞춰 접어 올려요.

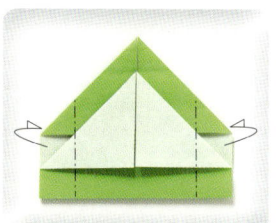
03 뒤로 접은 다음 뒤집어요.

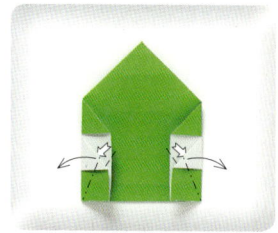
04 기호대로 펼쳐 눌러 접어요.

05 04의 기호대로 접은 후 06과 같이 뒤집어요.

06 접었다 펴요.

07 안쪽접기한 다음 뒤쪽을 풀칠해서 붙여요.

08 07 중간 과정.

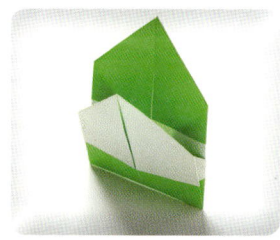
09 코르크판을 붙여요.

10 편지꽂이 완성.

▶ How To... 뒤판

01 반 접었다 펴서 윗부분 양쪽을 삼각으로 접어요. 중심선에 맞춰 접었다 펴요.

02 접기선에 맞춰 접어요.

03 ○와 ○를 맞춰 접어 올려요.

04 03의 기호대로 접은 후 05와 같이 뒤집어요.

05 뒤판 완성. 편지꽂이를 붙여요.

06 코르크판에 리본 테이프를 붙여요.

07 편지꽂이 완성.

▶ How To... 열쇠 걸이

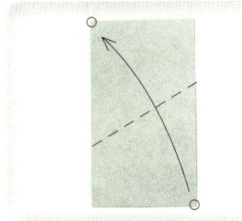

01 ○에 ○를 맞춰 접어요.

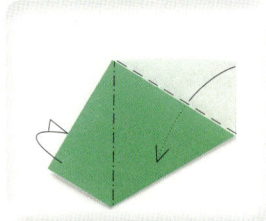

02 오른쪽은 접어 넣고 왼쪽은 뒤로 접어요.

03 완성. 6장 모두 접어요.

04 2개를 엇갈리게 겹쳐 붙인 다음 열쇠 걸이에 붙여요.

05 열쇠 걸이 완성.

▶ How To... 하우스 다용도 걸이 조립

01 편지꽂이에 리본과 큐빅을 붙여요.

02 줄구슬로 고리를 붙인 후 열쇠 걸이를 붙여요.

03 하우스 다용도 걸이 완성.

산책하는 소녀

여러 무늬 색종이를 접어 멋지게 옷을 입은 소녀들을 만들어요.
가방을 들고 강아지도 데리고 봄나들이 가는 이야기를 나눠 봐요.

TIP 윗옷 9×9cm로 접고 나머지는 같은 크기로 접으면 작은 소녀가 돼요.

종이 크기   **윗옷** □ 무늬 색종이 11×11cm 1장   **치마** □ 무늬 색종이 15×15cm 1장   **신발** □ 무늬 색종이 4×4cm 2장   **다리 연결대** □ 무늬 색종이 4×4cm 1장

기타 재료   □ 인형 머리 대 30mm   □ 공예용 굵은 철사   □ 꽃 테이프(흰색)

▶ How To... 윗옷

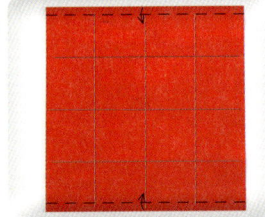 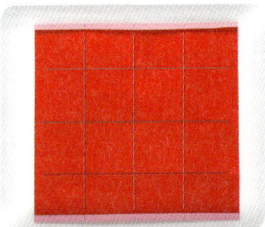 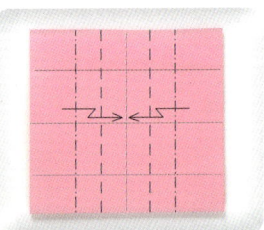 

01 가로세로 문접기를 하고 위아래 0.5cm 정도 접어요.
02 01의 기호대로 접은 후 03과 같이 뒤집어요.
03 중심선에 맞춰 계단접기해요.
04 접선 위치를 잘 보고 그대로 접어요.

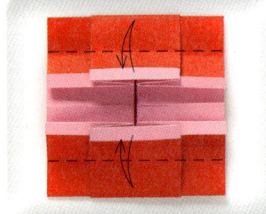  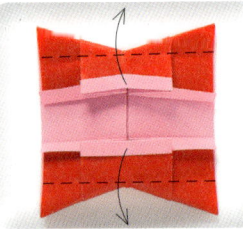 

05 앞 장만 접었다 펴요.
06 접선대로 접어요.
07 소매만 살짝 펼쳐 세워요.
08 그림과 같이 돌려서 반 접어요.

09 손가락을 넣어 사진과 같이 소매를 둥글게 만들어 줘요.
10 윗옷 완성.

▶ How To... 치마

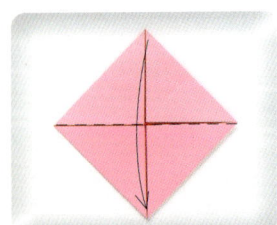  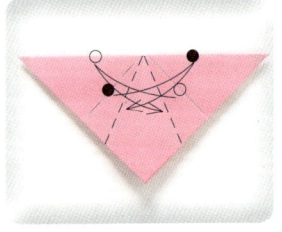 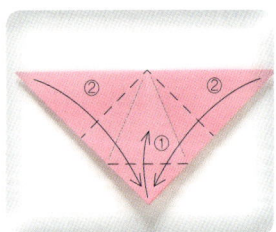

01 방석접기에서 시작해요. 반 접어 내려요.
02 접었다 펴요.
03 ○와 ○, ●과 ●을 맞춰 접었다 펴요.
04 순서대로 접어요.

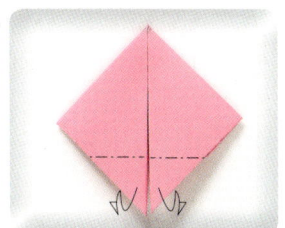   

05 뒤로 접었다 펴요.

06 빗금 친 부분에 풀칠해 조금 겹쳐서 입체로 만들어요.

07 안쪽은 풀로 붙여요.

08 치마 완성.

▶ How To... 신발

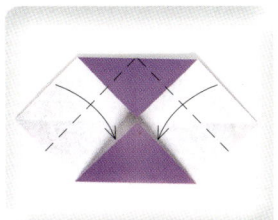 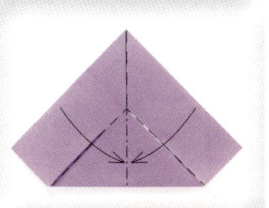  

01 가로세로 삼각접기를 한 후 위 아래를 중심선에 맞춰 접은 뒤 시작해요.

02 접기선을 잘 보고 접은 뒤 03의 모양으로 놓아요.

03 1장만 접어 내려요.

04 접선을 내고 위로 당겨 접어요.

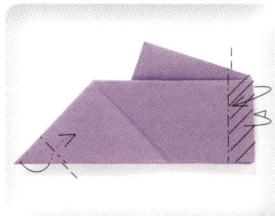  

05 신발 앞쪽은 안쪽으로 접기하고, 뒤쪽은 빗금 친 부분에 풀칠해 입체로 접어 붙여요.

06 중간 과정. 붙이는 모습.

07 신발 완성. 같은 방법으로 1개 더 접어요.

▶ How To... 소녀 조립

01 공예용 굵은 철사에 흰 테이프를 감아 글루건을 이용해 신발을 끼워 붙여요(다리 연결 접기는 92쪽 서 있는 산타클로스 얼굴 01처럼 접어요).

02 치마와 윗옷을 붙인 후 글루건을 이용해 팔과 다리를 연결해요(치마와 윗옷을 붙일 때 치마 위쪽에 글루건을 바르고 윗옷 아래로 넣어 붙여요).

03 소녀 완성.

리본

색종이 1장으로 접어 완성되는 리본은 어느 곳에나 장식이 가능합니다.
가죽지로 접어서 머리띠나 목걸이로도 활용해요.

TIP 선물을 포장할 때 리본을 붙여 장식하세요.

종이 크기 **머리띠** ☐ 가죽지 15×15cm 1장 **머리핀** ☐ 가죽지 7.5×7.5cm 1장 **목걸이** ☐ 가죽지 4×4cm 1장
기타 재료 ☐ 머리띠 ☐ 머리끈 ☐ 핀 ☐ 스티커 비즈

▶ How To... 리본

01 가로세로 사각접기로 접었다 편 후 사진과 같이 8등분해요.

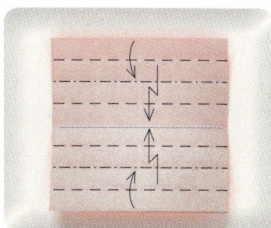
02 계단접기해요.

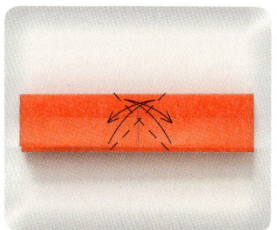
03 중심을 잘 맞춰 접었다 펴요.

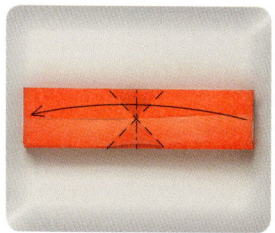
04 화살표 방향으로 접어요.

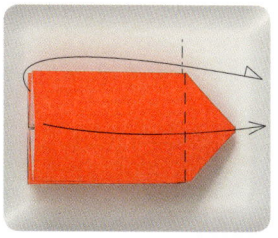
05 앞뒤 모두 같은 방법으로 접어요.

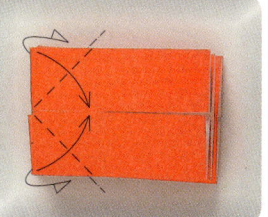
06 앞뒤 모두 중심선에 맞춰 접어요.

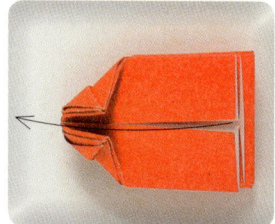
07 양쪽을 잡고 펼쳐서 09 모양이 나오도록 접어요.

08 중간 과정.

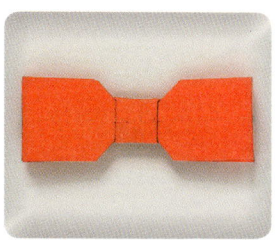
09 10과 같이 뒤집어요.

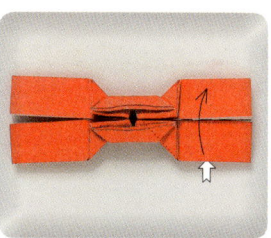
10 화살표 방향으로 잡아 빼서 위로 접어요.

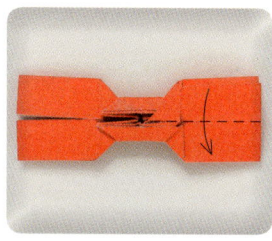
11 아래로 접어요.

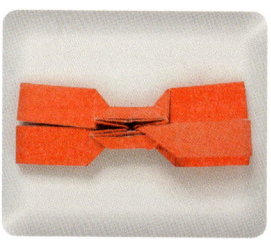
12 나머지 3곳도 10, 11과 같은 방법으로 접어요.

13 14와 같이 뒤집어요.

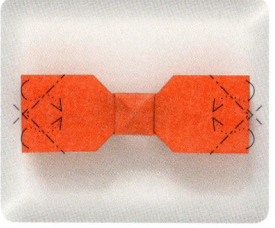
14 중심에 맞춰 접었다 펴서 안쪽으로 접기해요.

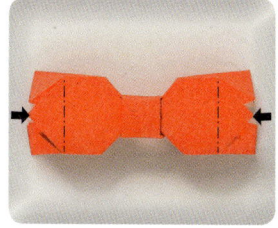
15 접기선대로 접었다 펴서 안쪽으로 밀어 넣어 접어요.

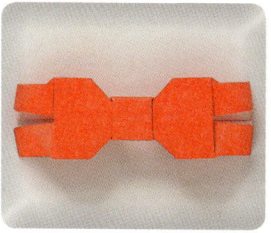
16 15의 기호대로 접은 후 17과 같이 뒤집어요.

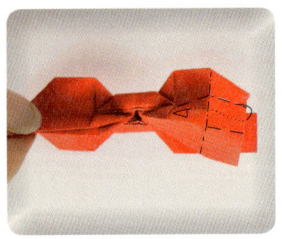
17 사진처럼 펴서 뒤로 접어요. 반대쪽도 같은 방법으로 접어요.

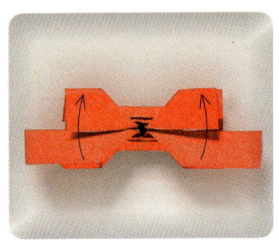
18 화살표 방향으로 펴요.

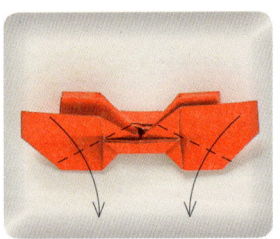
19 비스듬히 접어 내리고 뒤집어요.

20 리본 완성. 뒷부분을 위로 잡아 빼세요.

21 (응용)리본 완성 1.

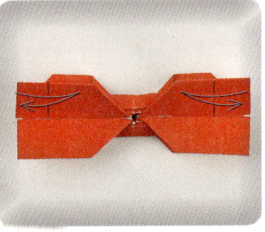
22 리본 14를 뒤집어서 사진처럼 접었다 펴요.

23 24와 같이 살짝 벌려요.

24 안으로 접어 넣은 다음 25와 같이 모아요.

25 아래로(두번째 주머니) 끼워 넣어요.

26 반대쪽도 23~25와 같은 방법으로 접어요.

27 비스듬히 아래로 당겨 접어요.

28 뒤집어서 완성해요.

29 (응용)리본 완성 2.

▶ 추가 아이디어!!

리본이나 머리끈 등에 비즈를 붙여 다양하게 활용해요.

해바라기 시계

해바라기는 간단히 접을 수 있어요.
추시계나 원형 시계를 만들어 집 안을 화사하게 꾸며 봐요.

> **TIP** 꽃무늬 색종이를 사용하여 교실 환경 미화나 벽면 꾸미기를 해 봐요.

종이 크기 **시계** ☐ 진노랑 구김지 16×16cm 8장　☐ 노랑 구김지 16×16cm 8장　**추** ☐ 진노랑 구김지 5×5cm 8장　☐ 노랑 구김지 5×5cm 8장
　　　　　추막대 ☐ 연두 색종이 7×14cm 1장　☐ 초록 색종이 5.5×14cm 1장

기타 재료 ☐ 추시계 무브　☐ 시계 바늘　☐ 원형 시계　☐ 해바라기씨 종이　☐ 철사

▶ How To... 추시계

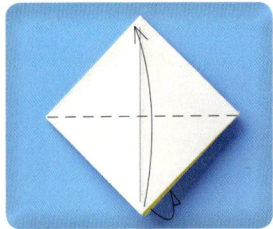  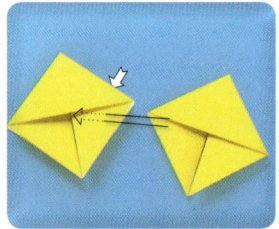 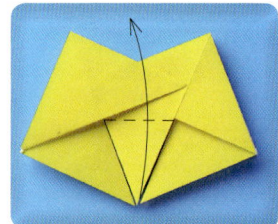

01 색이 안으로 오도록 사각주머니 접기를 한 후 앞뒤로 접어 올려요.
02 완성. 같은 방법으로 7장 더 접어요.
03 04와 같이 화살표 사이에 끼워 넣어 붙여요.
04 접어 올려요.

  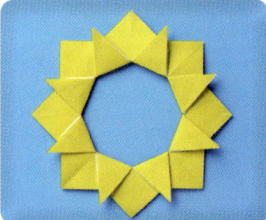 

05 끼워 넣어요.
06 같은 방법으로 8장 모두 조립해요.
07 노란색 A 완성.
08 진노랑 종이로 다시 **04**까지 접어 B를 만들어요.

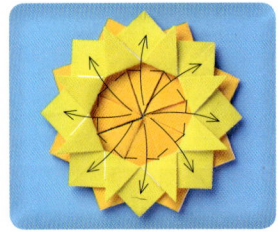  

09 B 위에 A를 놓고 B의 중심을 모두 접어 올려요.
10 뒤쪽에 해바라기씨 종이를 붙이고 시계 부속을 끼워요.
11 시계 완성.

▶ How To... 시계추

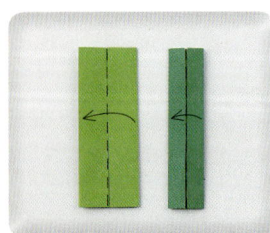   

01 초록, 연두 종이로 문접기에서 시작해요. 반으로 접어요.
02 철사를 중간에 끼우고 2개를 겹쳐 붙여요.
03 시계추 완성. 시계 무브에 철사를 걸어 시계추가 움직이게 해요.
04 시계 완성.

▶ How To... 해바라기 거울

종이 크기 해바라기 □ 양면 색종이 7.5×7.5cm 8장   **손잡이** □ 15×15cm 2장   **기타 재료** □ 원형 거울   □ 리본   □ 큐빅 장식

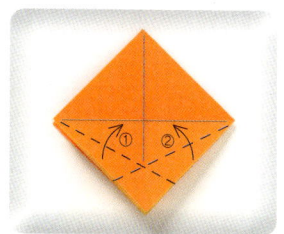
01 사각주머니접기로 접은 뒤 순서대로 접어요.

02 접어 올려요. 뒷장도 같은 방법으로 접어요.

03 완성. 같은 방법으로 7장 더 접어요.

04 추시계 05와 같은 방법으로 조립한 뒤 접어 올려요.

05 8장 모두 같은 방법으로 조립해서 완성해요.

06 뒷면에 거울을 붙이고 큐빅 장식도 붙여요.

07 거울 완성.

08 손잡이를 만들기 위해 우선 방석접기를 접은 후 아이스크림접기를 해요.

09 중심에 맞춰 아이스크림접기를 해요.

10 ⑨에 맞춰 접어 올려요. 같은 방법으로 1장을 더 접어 마주 붙여요.

11 손잡이 완성. 리본과 거울을 붙여요.

12 해바라기 거울 완성.

▶ 추가 아이디어!!

해바라기 액자, 해바라기 냄비 받침대 등 다양하게 꾸며요.

메모 홀더 꽂이

메모 꽂이를 만들어 책상 위에 올려놓아요.
명함이나 메모지를 꽂으면 편리해요.

종이 크기 **메모지 꽂이** □ 양면 포장지 16×16cm 2장 **펜 꽂이** □ 양면 포장지 16×12cm 2장 **문양** □ 양면 포장지 4×4cm 4장 **바닥** □ 양면 포장지 11.5×11.5cm 1장

기타 재료 □ 마분지 7.5×4.5cm 2장 □ 마분지 12×7cm □ 홀더 꽂이 □ 반원 줄구슬

▶ How To... 메모지 꽂이

 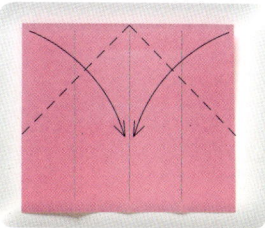 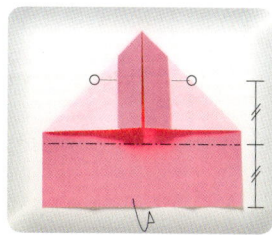 

01 색이 안으로 오도록 문접기를 한 다음 펴고, 1/8만큼 뒤로 접어요.

02 중심선에 맞춰 접어요.

03 표시선 o까지 뒤로 접어 올려요.

04 접었다 편 다음 □ 부분에 마분지를 끼워 입체로 세워요.

05 완성. 같은 방법으로 1장 더 접어 마주 보고 겹쳐 붙여요.

06 메모지 꽂이 완성.

▶ How To... 펜 꽂이

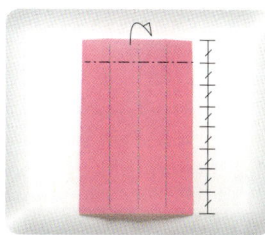   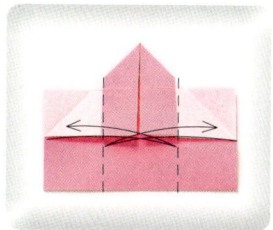

01 색이 안으로 오도록 문접기를 한 다음 펴고, 1/8만큼 뒤로 접어요.

02 중심선에 맞춰 접어요.

03 표시선 o까지 뒤로 접어 올려요.

04 접었다 펴요.

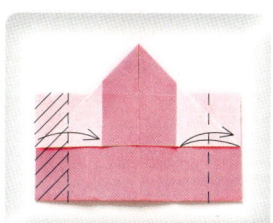   

05 한쪽만 풀칠해서 접어 붙여요.

06 빗금 친 부분을 풀칠하고 겹쳐 붙여요. 같은 방법으로 1개 더 접어 붙여요.

07 같은 방법으로 1개 더 접어 08과 같이 붙여요.

08 2개를 붙여 펜 꽂이 완성.

▶ How To... 문양

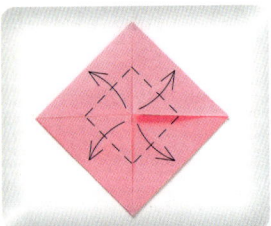   

01 방석접기에서 시작해요.   02 빗금 친 부분에 풀칠해 접어 붙여요.   03 중심에 구슬을 붙여요.   04 문양 완성.

▶ How To... 바닥

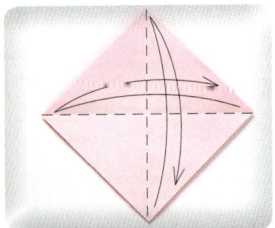 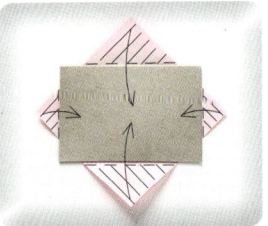  

01 접었다 펴요.   02 마분지를 중심에 붙이고 빗금 친 부분에 풀칠해서 붙여 뒤집어요.   03 4군데를 자르고 테두리에 구슬을 붙여요.   04 바닥 완성.

▶ How To... 메모 홀더 꽂이 조립

01 메모지 꽂이와 펜 꽂이를 붙여요.   02 메모지 꽂이와 펜 꽂이를 바닥에 붙여요.   03 홀더를 꽂고 문양을 붙여요. 메모 홀더 꽂이 완성.

공 접기를 이용한 동물 놀이

공 접기를 이용해서 여러 가지 동물을 만들어요.
엄마와 아이가 함께 재미있는 놀이를 해요.

TIP 다른 동물들의 특징과 형태도 알아보고 함께 접어 봐요.

종이 크기 공 □ 단면 색종이 15×15cm 1장

▶ How To... 공(전승)

 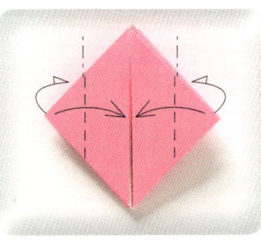 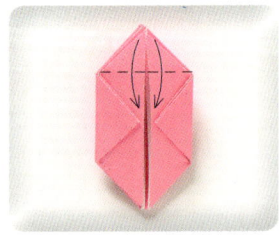 

01 삼각주머니접기에서 시작해요. 앞뒤 모두 접어 올려요.

02 반대쪽도 같은 방법으로 접어요.

03 접어 내려요.

04 화살표 방향으로 주머니에 끼워 넣어요.

05 반대쪽도 03, 04와 같은 방법으로 접어요. 입으로 바람을 넣어 부풀려서 정육면체를 만들어요.

06 공 완성.

▶ How To... 응용 : 곰

종이 크기 몸 □ 흰색 구김지 15×15cm 1장   얼굴 □ 흰색 구김지 13×13cm 1장   손과 발 □ 흰색 구김지 7.5×7.5cm 4장   귀 □ 흰색 구김지 5×5cm 2장
기타 재료 □ 무빙아이 □ 리본

01 몸과 머리를 붙여요.

02 손, 발, 귀를 모두 붙여요.

03 눈과 입, 리본을 붙여 곰을 완성해요.

▶ How To... 응용 : 원숭이

종이 크기 **몸** □ 진노랑 구김지 15×15cm 1장   **얼굴** □ 진노랑 구김지 13×13cm 1장   **사과** □ 빨강 구김지 5×5cm 1장
기타 재료 □ 갈색 모루

01 얼굴과 몸을 약간 틀어서 붙여 줘요.   **02** 사과를 잡을 수 있게 모루를 감아서 붙여요.   **03** 눈을 그려서 붙여 주면 원숭이 완성.

▶ How To... 응용 : 거미

종이 크기 **몸** □ 검정 구김지 15×15cm 1장   **머리** □ 검정 구김지 7.5×7.5cm 1장   **몸 무늬 띠지** □ 빨강 구김지 0.6×20cm 2장
기타 재료 □ 무빙아이   □ 리본   □ 철사   □ 검정 색종이

01 몸과 머리를 붙인 다음 띠지를 붙여요.   **02** 색종이로 철사를 4개 감아서 묶어 붙여요.   **03** 눈과 리본을 붙여요. 거미 완성.

▶ How To... 응용 : 벌

종이 크기 **배** □ 검정 구김지 15×15cm 1장   **머리** □ 검정 구김지 9×9cm 1장   **가슴** □ 진노랑 구김지 9×9cm 1장   **몸 무늬 띠지** □ 노랑 구김지 1×20cm 3장   **날개** □ 트레이싱지 5×3cm 4장   **기타 재료** □ 무빙아이   □ 모루   □ 리본

01 배는 약간 눌러서 붙인 다음 띠지를 오려 붙여요.   **02** 모루를 가슴 쪽에 붙여요.   **03** 트레이싱지는 긴 타원형으로 4장을 오려 붙여요. 벌 완성.

유니트 딱지 접기

종이 크기(2:3) 비율로 다양한 크기와 색깔을 맞춰서 만들어요.
여러 형태로 접어 실생활에 사용해 봐요.

TIP 유니트(Unit)란, 같은 모양의 여러 조각을 연결하여 입체 도형을 만드는 종이접기 방법.

종이 크기 필통 □ 양면 색종이 15×10cm 24장
기타 재료 □ 레이스 □ 리본 테이프 □ 양면테이프 □ 장식 구슬

▶ How To... 필통

01 가로세로 반 접었다 펴서 중심선에 맞춰 접어요.

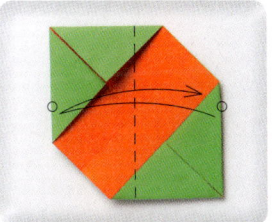
02 그림처럼 돌려서 ㅇ와 ㅇ를 맞춰 접었다 펴요.

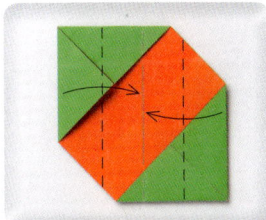
03 중심선에 맞춰 접어요.

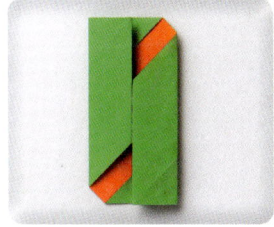
04 03의 기호대로 접은 후 05와 같이 뒤집어요.

05 ㅇ와 ㅇ, ●과 ●을 맞춰 접어요.

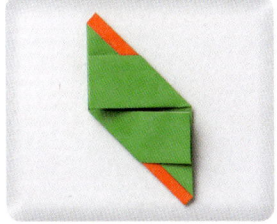
06 05의 기호대로 접은 후 07과 같이 뒤집어요.

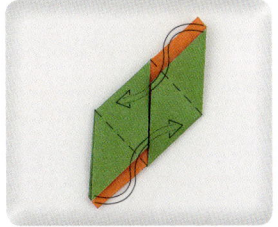
07 끼워 넣어요.

08 완성. 같은 방법으로 23장 더 접어요.

▶ How To... 필통 조립

01 낱개 모양이 완성된 필통 08에 빗금 친 부분을 풀칠해서 다른 유니트에 겹쳐 붙여요.

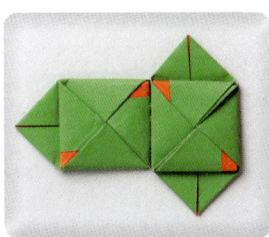
02 2개 조립한 모양.

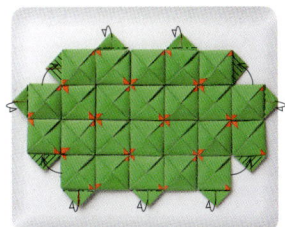
03 필통 전개도. 빗금 친 부분에 풀칠해서 입체로 만들어요.

04 필통 완성. 위 테두리에 양면테이프로 레이스를 붙이고 리본도 만들어 달아요.

▶ How To... 응용 : 수납통

종이 크기 □ 단면 색종이 15×10cm 28장 **테두리** □ 단면 색종이 2×15cm 1장

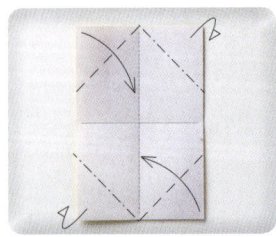
01 가로세로 반 접었다 편 후 중심선에 맞춰 앞뒤로 접어요.

02 그림과 같이 돌려서 접었다 편 다음 중심선에 맞춰 접어요.

03 02의 기호대로 접은 후 04와 같이 뒤집어요.

04 ○와 ○, ●과 ●을 맞춰 접어요.

05 04의 기호대로 접은 후 06과 같이 뒤집어요.

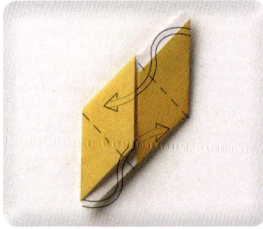
06 끼워 넣어요.

07 완성. 같은 방법으로 27장 더 접어요. 필통과 같은 방법으로 붙여요.

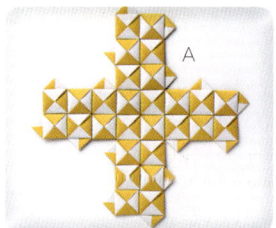
08 수납통 전개도.

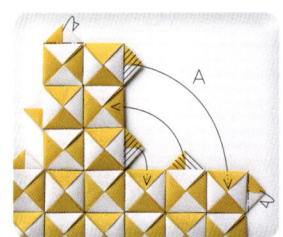
09 그림과 같이 빗금 친 부분에 풀칠해 붙여요. 나머지도 같은 방법으로 붙여요.(08 A부분 확대)

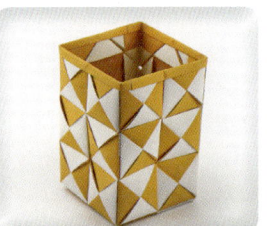
10 수납통 완성(위 테두리에 색종이를 띠지처럼 붙이면 튼튼하게 사용할 수 있어요).

▶ 추가 아이디어!!

포장지를 좀 더 크게 접어 쟁반으로 활용할 수 있어요.
수납통과 같은 방법으로 접어 붙이고 모서리에 구멍을 내서 리본으로 묶어 예쁜 바구니를 만들어요.

동물 명함 꽂이

실생활에서 꼭 필요한 소품이에요.
예쁘게 접고 여러 동물로도 표현해 봐요.

TIP 메모지를 정리해 놓는
통으로도 활용할 수 있어요.

종이 크기 ☐ 양면 포장지 25×25cm 1장
기타 재료 ☐ 리본 ☐ 눈 스티커

▶ How To... 동물 명함 꽂이

01 양쪽 삼각접기한 다음 펴서 시작해요.

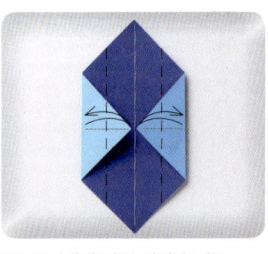
02 중심선에 맞춰 접었다 펴요.

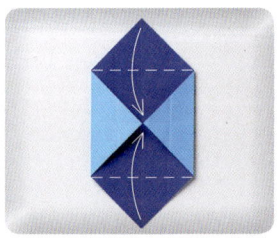
03 중심선에 맞춰 접어요.

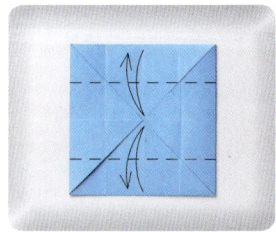
04 중심선에 맞춰 접었다 펴요.

05 위아래를 펴요.

06 접선을 잘 보고 입체로 세워요.

07 양옆을 접어요.

08 접선 위치를 보고 뒤로 접어요.

09 10과 같은 형태로 접어요.

10 같은 방법으로 계속 접어요.

11 안으로 끼워 넣어요.

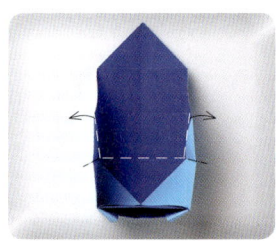
12 접선을 보고 13의 형태로 눌러 접어요.

13 뒤로 접어요.

14 끝을 조금 접은 다음 접기선대로 접어 내려요.

15 귀와 코를 접은 뒤, 눈 스티커를 붙여 완성해요.

16 동물 명함 꽂이 완성.

신년 카드

부모님이나 친구, 고마운 분께 한 해 동안 감사한 마음을 보내요.
정성이 가득 담겨 있는 카드가 행복을 전해 줘요.

종이 크기 **문양** ☐ 양면 색종이 15×15cm 2장 **바닥** ☐ 배색 색종이 15×15cm 1장 **마름모** ☐ 배색 무늬 포장지 16×16cm 1장 **카드지** ☐ 흰색 머메이드지 23×17cm

기타 재료 ☐ 카드 속지 ☐ 카드 봉투 ☐ 장식 종이

▶ How To... 문양

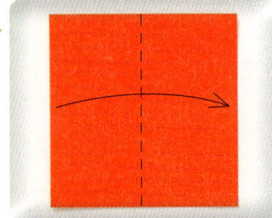
01 반을 접어요.

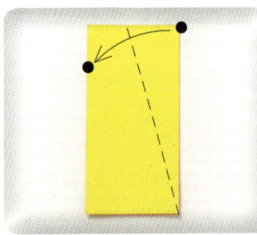
02 ●과 ●을 맞춰 접어요.

03 사진과 같이 잘라요.

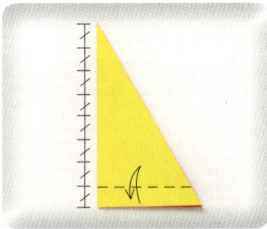
04 1/8만큼 접었다 펴요.

05 접기선대로 접었다 펴요.

06 나머지 2군데도 방향을 바꿔 세모로 접은 뒤 04, 05와 같은 방법으로 선을 낸 다음 펴요.

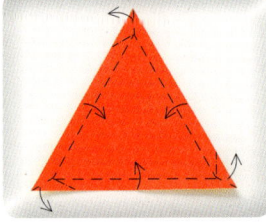
07 기호대로 모아서 08과 같이 만들어요.

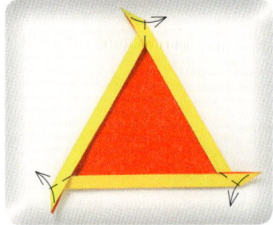
08 화살표 방향으로 접어요.

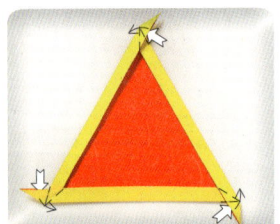
09 펼쳐 눌러 접어요.

10 같은 방법으로 배색 종이 1장을 더 접어 뒤집어요.

11 빗금 친 부분에 풀칠하고 엇갈려 붙여요.

12 아랫부분을 먼저 접고 나머지 부분을 접어요.

13 문양 1 완성.

14 문양 2 완성.

▶ How To... 바닥

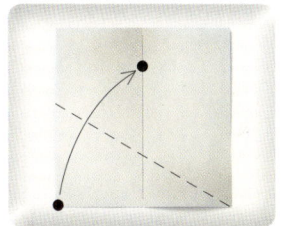 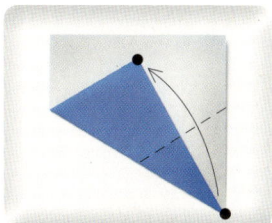  

01 반 접었다 편 후 ●과 ●을 맞춰 접어요.
02 ●과 ●을 맞춰 접어요.
03 같은 방향으로 계속 접어요.
04 같은 방향으로 계속 접어요.

  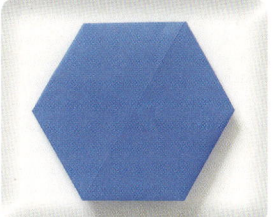 

05 중심에 맞춰 접어요.
06 05의 기호대로 접은 후 07과 같이 뒤집어요.
07 바닥 완성. 문양을 붙여요.
08 바닥 완성.

▶ How To... 신년 카드 조립

01 바닥 04를 뒤집어서 완성된 문양을 붙여요.
02 준비한 카드지를 반으로 접어 위에 01을 붙이고 꾸며요.
03 신년 카드 완성.

카드 　　　 매듭 　　　 컵 받침

▶ 추가 아이디어!!

기본 문양을 활용해서 카드, 매듭, 컵 받침대 등 여러 가지 생활 소품 등을 만들어 사용할 수 있어요.
다양한 종이와 컬러로 만들어 봐요.

복조리

우리 조상들은 설날 이른 아침에 복조리를 장만하여 벽에 걸어 놓음으로써
한 해의 복을 빌었어요. 내 손으로 직접 만든 복조리를 친지들에게 선물해 봐요.

종이 크기 ☐ 에코클로스 26×26cm 2장 ☐ 포장지 7.5×7.5cm 1장
기타 재료 ☐ 매듭 ☐ 리본끈

▶ How To... 복조리

01 문접기를 하고 펴요.

02 8등분해요.

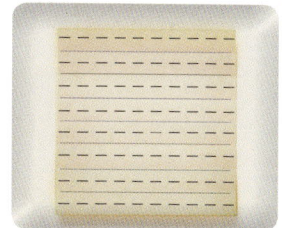
03 다시 16등분하고 옆으로 돌려요.

04 문접기를 해요.

05 등분선을 잘 보고 접었다 펴요.

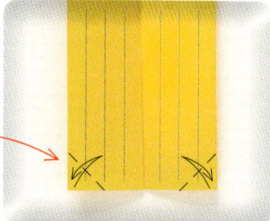
06 05 하단 부분 확대(접었다 펴요).

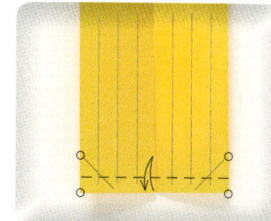
07 ㅇ와 ㅇ를 맞춰 접었다 펴요.

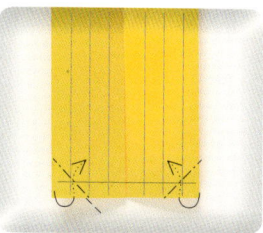
08 안쪽으로 접어요.

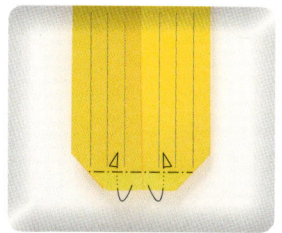
09 앞 장만 뒤로 접어요.

10 위로 접고 뒤집어요.

11 ㅇ와 ㅇ, ●과 ●이 만나도록 접었다 펴요.

12 접선 부분만큼만 접어요.

13 같은 방향으로 계속 뒤로 접어요.

14 반대쪽도 12~13과 같은 방법으로 접어요.

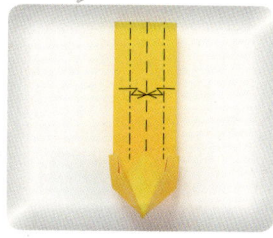
15 중심선 쪽으로 계단접기해요.

16 손잡이 부분만 펴지지 않도록 뒷부분을 풀로 고정해요. 복조리 완성.

▶ How To... 복주머니

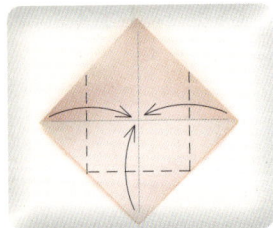

01 양쪽 삼각접기로 접었다 펴서 시작해요.

02 중심선에 맞춰 접었다 펴요.

03 위로 접어요.

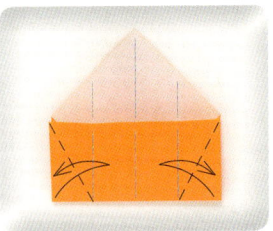

04 접선에 맞춰 접었다 펴요.

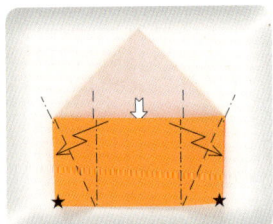

05 화살표 안쪽을 펼치면서 앞. 뒤 계단접기해요.(★부분을 잡고 중심 쪽으로 밀어 넣어요).

06 아래로 접어요.

07 덮개 부분을 배색하고 장식을 붙여 완성해요.

08 복주머니 완성.

▶ 추가 아이디어!!

복주머니는 다양한 종이와 장식으로 활용할 수 있어요. 또한, 복조리는 컬러나 장식뿐 아니라 사이즈의 변형으로 조그마한 장식품을 만들 수 있어요.

육각 문양 상자

별 모양이 나오는 예쁜 상자예요. 배색을 다양하게 해 봐요.
상자 안에 아끼는 물건을 넣어 보물 상자로 만드는 건 어떨까요?

종이 크기 본체 □ 양면 무늬 색종이 12×12cm 6장 **뚜껑** □ 양면 무늬 색종이 13×13cm 6장

How To... 뚜껑

01 양쪽 삼각접기한 다음 마주 보는 2곳만 중심선에 맞춰 접고 뒤집어요.

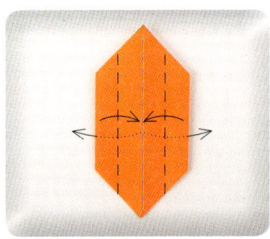

02 뒷장을 펴면서 중심선에 맞춰 접어요.

03 뒤로 접었다 펴요.

04 O와 O를 맞춰 접어요.

05 접어 올려요.

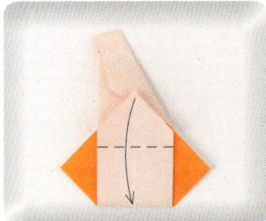

06 반 접어 내려요.

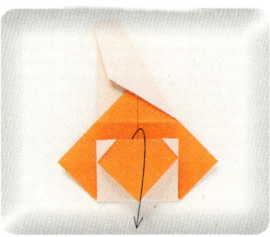

07 겹쳐진 2장을 잡고 그대로 펴서 내려요.

08 오른쪽은 안으로 접고 아래는 중심선을 맞춰 접어요.

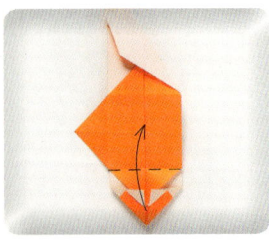

09 접선대로 다시 올려 접어요. 이 때 풀칠해 붙여요.

10 1장 완성. 같은 방법으로 5장 더 만들어요.

11 빗금 친 부분에 풀칠해서 끼워요.

12 사진과 같이 6장을 끼워요.

13 6장을 끼운 모습.

14 윗부분을 별 모양처럼 모아서 끼워 넣어요.

15 뚜껑 완성.

▶ How To... 본체

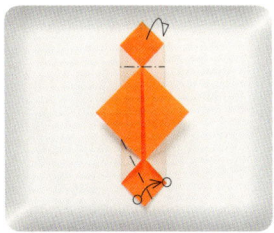
01 뚜껑 02에서 시작해요. O와 O를 맞춰 접어요.

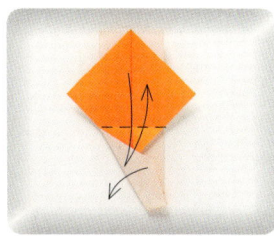
02 접었다 펴고 01에서 접은 부분을 03과 같이 펴요.

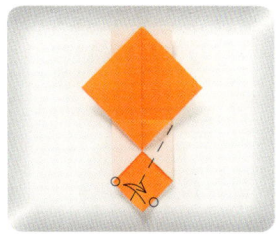
03 O와 O를 맞춰 접었다 편 후 모두 펼쳐요.

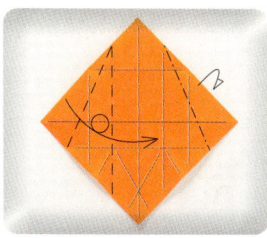
04 순서대로 같은 방향으로 접고 다른 쪽은 뒤로 접어요.

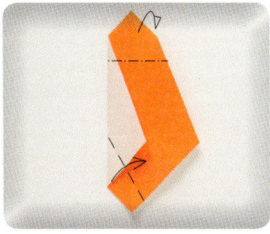
05 접선 그대로 접어요.

06 05의 기호대로 접은 후 07과 같이 뒤집어요.

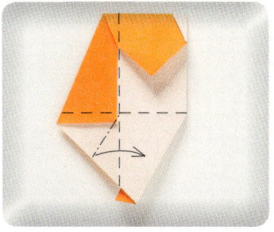
07 기호대로 접어 08과 같이 만들어요.

08 07의 기호대로 접은 후 09와 같이 뒤집어요.

09 1개 완성. 같은 방법으로 5장 더 접어 빗금에 풀칠해 10과 같이 만들어요.

10 사진과 같이 6장을 끼워 11과 같이 만들어요.

11 6장을 이은 모습.

12 모아서 끼워 넣어요.

13 조립 완성. 뒤집으면 본체가 돼요.

14 본체 완성.

15 본체 위로 뚜껑을 덮으면 육각 문양 상자 완성.

한 장 상자

예쁜 양면 포장지로 접어 선물을 담아 봐요.
초콜릿이나 편지를 함께 넣으면 좋아요.

종이 크기 **상자** □ 양면 포장지 25×25cm(26×26cm) 1장 **칸막이** □ 양면 포장지 12.5×12.5cm(13×13cm) 2장
기타 재료 □ 마분지 조금 □ 나무집게

▶ How To... 상자 1

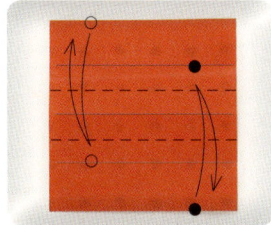 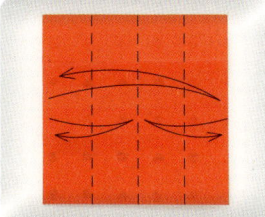 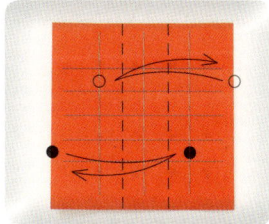 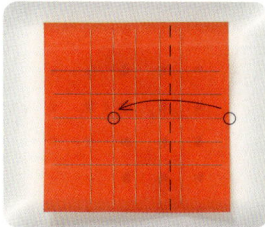

01 문접기하고 편 다음 ○와 ○, ●과 ●을 맞춰 접었다 펴요.
02 반 접었다 펴고, 중심선에 맞춰 접었다 펴요.
03 ○와 ○, ●과 ●을 맞춰 접었다 펴요.
04 등분을 잘 보고 ○와 ○를 맞춰 접어요.

 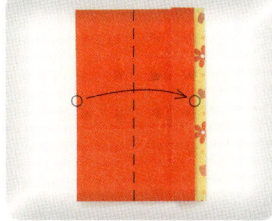  

05 선에 맞춰 접어요.
06 ○와 ○를 맞춰 접어요.
07 사진과 같이 접어요.
08 접기선을 잘 보고 **09**와 같이 만들어요.

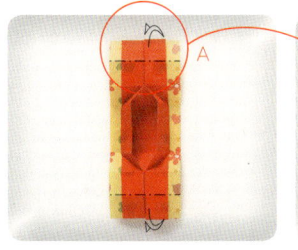  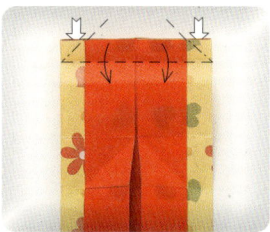 

09 접었다 펴요.
10 위아래를 접었다 펴요(**09**의 A부분 확대).
11 펼쳐 눌러 접기해요.
12 안으로 넣어 접어요. 반대쪽도 **10~12**와 같은 방법으로 접어요.

 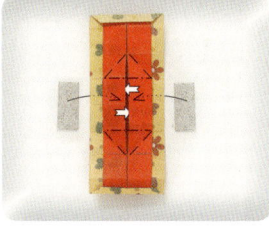  

13 빗금 친 부분에 풀칠하고 접어 붙여요.
14 안으로 마분지를 넣고 **09**와 같은 상자 모양으로 다시 만들어요.
15 칸막이를 넣고 접선대로 접어 집게로 고정시켜요.
16 상자 1 완성.

▶ How To... 칸막이

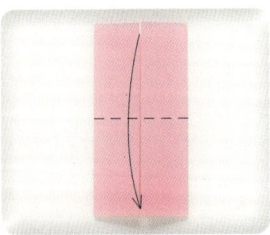 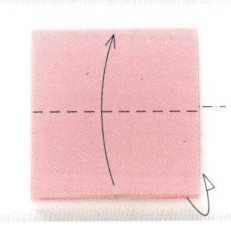  

01 문접기 기본형에서 시작해요. **02** 앞 장과 뒷장을 각각 접어요. **03** 같은 방법으로 1장 더 만들어요. **04** 사진과 같이 각각 가위로 자른 후 서로 엇갈려 끼워요.

05 칸막이 완성.

▶ How To... 상자 2

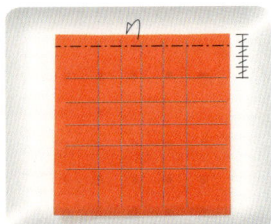   

01 상자 1의 01에서 시작해요. 등분을 잘 보고 뒤로 접고 뒤집어요. **02** 등분대로 접은 모습. 03과 같이 뒤집어요. **03** 상자 1 02~08까지 같은 방법으로 접어요. 08의 상자 모양까지만 접어요. **04** 상자 모양으로 만들어진 모습(상자 1의 14와 같이 같은 위치에 마분지를 넣어요).

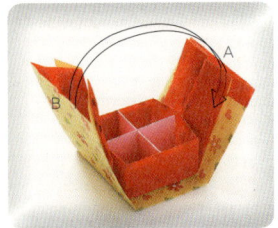 

05 B를 A에 끼워요(칸막이를 넣어요). **06** 상자 2 완성.

밸런타인데이 선물 상자

특별한 날에 초콜릿이나 사랑을 담아
마음을 전하세요.

TIP 가로세로 크기를 다르게 하여 직사각 선물 상자도 만들어 봐요.

종이 크기 상자 □ 구김지 26×26cm 1장   뚜껑 □ 양면 무늬 색종이 15×11.5cm 4장
기타 재료 □ OHP 필름지 8×8cm 1장   □ 리본   □ 테이프

▶ How To... 상자(전승)

 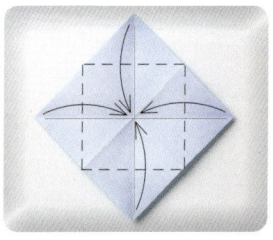  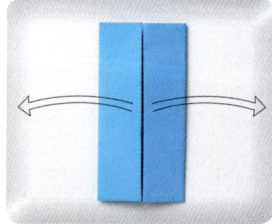

01 양쪽 삼각접기를 접었다 편 뒤 시작해요.
02 방석접기를 해요.
03 문접기를 해요.
04 05와 같이 펼쳐요.

 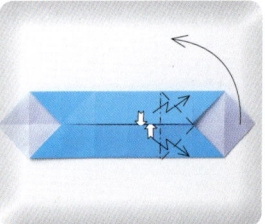  

05 중심선에 맞춰 접어요.
06 기호대로 모아서 07과 같이 입체로 세워요.
07 안으로 접어 넣어요.
08 반대쪽도 06, 07과 같은 방법으로 접어요.

09 상자 완성.

▶ How To... 뚜껑

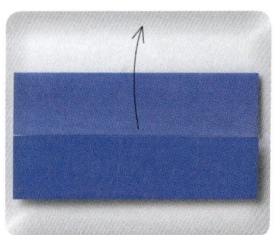 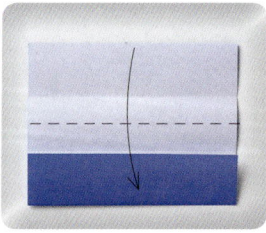 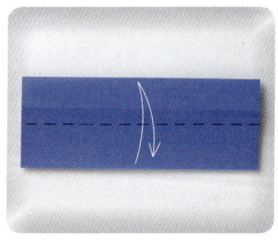 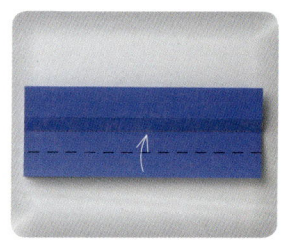

01 문접기에서 시작해요. 한쪽을 펴요.
02 아래로 반을 접어요.
03 접어 올렸다 내려요.
04 03의 선에 맞춰 접어 올려요.

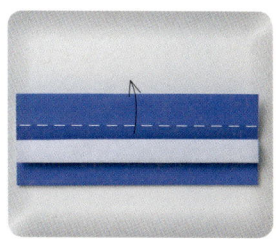
05 접기선대로 위로 접어요.

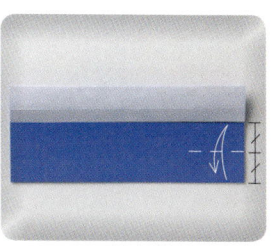
06 아랫부분 1/2만큼 조금 접었다 펴요.

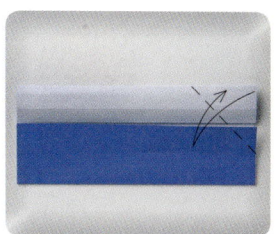
07 기준선에 맞춰 접었다 펴요.

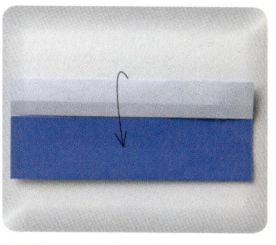
08 윗장만 아래로 펴요.

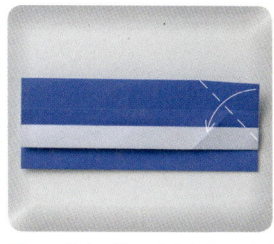
09 07에서 만든 접기선대로 접어요.

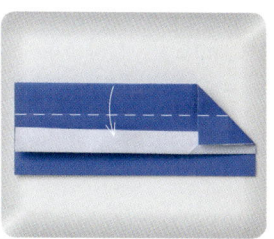
10 접어 내려요.

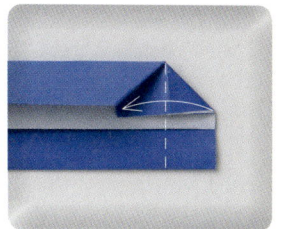
11 앞으로 접어요.

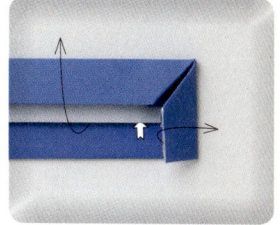
12 13과 같이 입체로 만들어요.

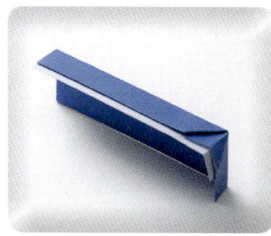
13 뚜껑 유니트 완성. 같은 방법으로 3장 더 접어요.

▶ How To... 선물 상자 조립

01 아랫부분을 벌려서 끼우고 윗부분도 끼워 붙여요.

02 조립한 모양. 같은 방법으로 나머지도 조립해요.

03 뚜껑 완성. 안쪽으로 필름지를 끼워 붙이고 상자를 덮어요.

04 선물 상자 조립 완성.

카네이션

빨갛고 예쁜 카네이션을 만들어
소중한 분께 감사의 마음을 담아 보내요.

▶TIP 입체 카네이션을 만들어 실내 인테리어 소품으로 사용해 봐요.

종이 크기 꽃 □ 빨강 색종이 7.5×7.5cm 5장   꽃받침 □ 초록 색종이 2.5×2.5cm 3장   잎사귀 □ 초록 색종이 7.5×7.5cm 3장
기타 재료 □ 기타 장식품

▶ How To... 꽃

01 사각주머니접기에서 시작해요.   02 기호대로 접어요.   03 핑킹가위로 잘라요.   04 꽃 유닛 완성. 같은 방법으로 3장 더 접어요.

▶ How To... 꽃받침

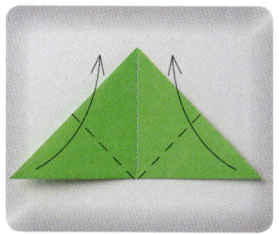   

01 삼각접기에서 시작해요. 중심선에 맞춰 접어요.   02 뒤로 접어요.   03 받침 완성. 같은 방법으로 2장 더 접어요. 꽃 유닛에 끼워 꽃을 완성해요.   04 꽃 완성. 큰 꽃은 꽃 유닛 2개를 겹쳐 붙여서 받침을 끼워 붙여요.

▶ How To... 잎사귀

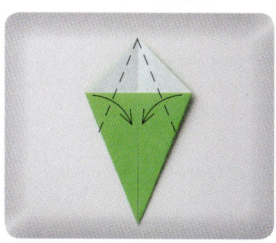 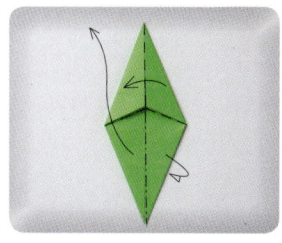  

01 아이스크림접기에서 시작해요. 중심선에 맞춰 접어요.   02 기호대로 모아 접어 완성해요.   03 잎사귀 완성. 같은 방법으로 2장 더 접어요.   04 꽃과 잎시귀를 장식해 카네이션을 완성해요(188쪽 부활절 달걀 바구니의 하트를 이용해 카네이션 카드도 만들 수 있어요).

▶ How To... 응용 : 입체 카네이션

종이 크기 **꽃** □ 분홍 염색 한지 7.5×7.5cm 5장 **잎사귀** □ 초록 염색 한지 조금 **기타 재료** □ 굵은 철사(꽃) □ 가는 철사(잎사귀) □ 꽃 테이프

01 꽃 01에서 시작해요. 중심선에 맞춰 접었다 펴요.

02 뒤집어서 01과 같은 방법으로 접어요.

03 핑킹가위로 잘라요.

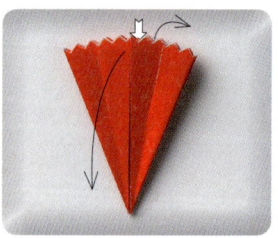

04 펼쳐요.

05 자른 뒤에 중심 부분을 잡고 비틀어 모으세요.

06 중간 과정. 같은 방법으로 4장 더 접어요.

07 철사에 꽃잎을 본드로 겹쳐 붙여요.

08 입체 카네이션 완성. 매수를 조절해서 다양한 크기의 꽃을 만들어 봐요.

09 222쪽 포푸리 모자 응용 잎사귀를 참고해 오리고 철사를 붙여 꽃 테이프로 말면서 합쳐요.

10 휴지를 뭉쳐서 철사를 붙이고 염색 한지로 감싸서 꽃 테이프로 말아요.

11 입체 카네이션 완성.

X-mas 리스

크리스마스 종이와 금, 은 색종이로 리스를 만들어
가족과 함께 즐거운 크리스마스를 보내요.

TIP 빨강, 초록 양면, 금색, 은색 종이 등 크리스마스에 어울리는 화려한 종이를 선택하세요.

종이 크기 리스 I □ 빨강 금색 양면 색종이 8×8cm 4장   □ 초록 금색 양면 색종이 8×8cm 4장   **리스 I 중심** □ 빨강 금색 양면 색종이 4×4cm 4장   □ 초록 금색 양면 색종이 4×4cm 4장

기타 재료 □ 리본   □ 금색 종   □ 금색 별   □ 스티커   □ 금색 줄

▶ How To... 리스 I 유니트

01 삼각접기에서 옆으로 반 접었다가 펼친 후 1장 접어 내리고 1번 더 접어 내려요.

02 접어 내려요.

03 완성. 빨강, 초록 금색 종이를 4장씩 접어요.

▶ How To... 리스 I 테두리 조립

01 뒷면에 풀칠해서 끼워요.

02 2장 조립한 모양. 같은 방법으로 8장 모두 조립해서 붙여요.

03 리스 I 테두리 완성.

▶ How To... 리스 I 중심

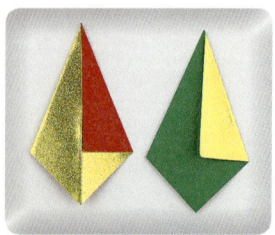 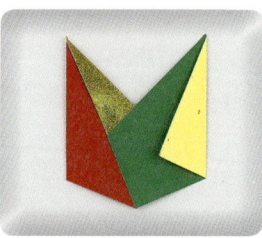  

01 아이스크림접기를 앞뒤로 접어요.

02 03과 같은 방법으로 모두 붙여 조립해요.

03 리스 I 중심 완성.

04 리스 I 완성.

종이 크기　리스 Ⅱ □ 크리스마스 빨강 양면 포장지 7×7cm 4장　　□ 크리스마스 초록 양면 포장지 7×7cm 4장　　리스 Ⅱ 중심 □ 크리스마스 빨강 양면 포장지 5×5cm 4장　　□ 크리스마스 초록 양면 포장지 5×5cm 4장

기타 재료　□ 리본 테이프　□ 금색 종　□ 금색 별　□ 금색 줄　□ X-mas 글자 장식

▶ How To... 리스 Ⅱ 유니트

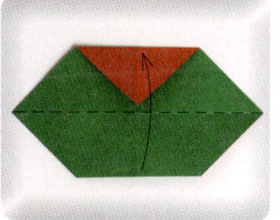
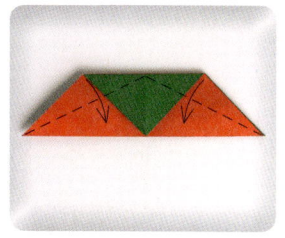
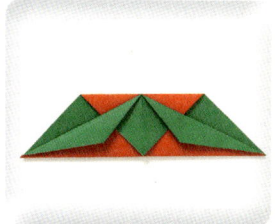

01 양쪽 삼각접기를 한 후 중심에 맞춰 앞뒤로 접어요.

02 접어 올려요.

03 접기선을 잘 보고 접어요.

04 완성. 같은 방법으로 7장 더 접어요.

▶ How To... 리스 Ⅱ 테두리 조립

01 빗금 친 부분에 풀칠해서 화살표 방향으로 끼워요.

02 2장 조립한 모양. 같은 방법으로 8장 모두 조립해서 붙여요.

03 리스 Ⅱ 테두리 완성.

▶ How To... 리스 Ⅱ 중심

01 아이스크림접기를 각 4장 접어요.

02 뒤집어서 03과 같은 방법으로 모두 붙여 완성해요.

03 리스 Ⅱ 중심 완성.

04 리스 Ⅱ 완성.

X-mas 카드

가족과 함께 예쁜 크리스마스 카드를 만들어요.
사랑하는 사람들에게 감사의 마음을 전해요.

TIP 예쁜 카드를 다양하게 만들어 테이블이나 식탁에 놓고 장식하세요.

종이 크기 **입체 나무 카드** ☐ 초록 단면 색종이 10×10cm 1장   ☐ 초록 단면 색종이 12×12cm 1장   ☐ 초록 단면 색종이 14×14cm 1장   **나무 기둥**
☐ 갈색 단면 색종이 7.5×7.5cm 1장   ☐ 남색 타공지 16×22cm 1장   ☐ 흰색 머메이드지 17×24cm 1장
기타 재료 ☐ 눈 펀치   ☐ 원 스티커   ☐ 별 스티커

▶ How To... 입체 나무

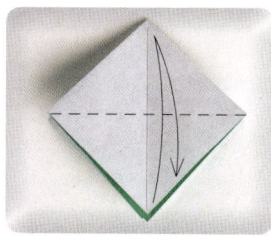  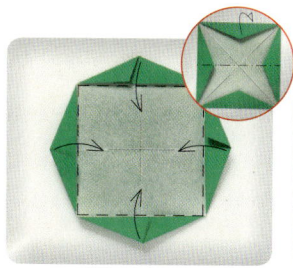 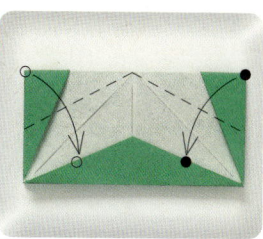

01 색이 안으로 오도록 사각주머니 접기에서 시작해요. 4군데 모두 접었다 모두 펴요.

02 순서대로 접고 나머지도 같은 방법으로 접어요.

03 4곳을 접고 뒤로 접어요.

04 ○와 ○, ●과 ●을 맞춰 **05**와 같이 접어요.

 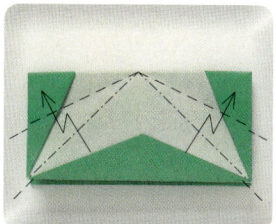 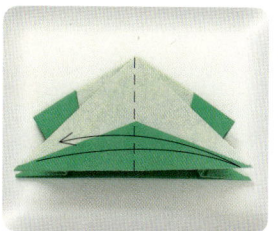 

05 양쪽을 다시 펴요.

06 계단접기해요. 뒷장도 같은 방법으로 접어요.

07 반 접었다 펴요. 같은 방법으로 2장 더 접어요.

08 입체 나무 완성. 크기 순서대로 끼워 입체로 붙여 세워요.

▶ How To... 나무 기둥

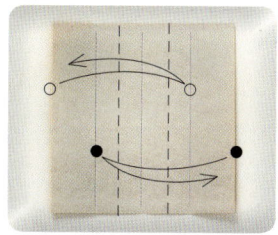 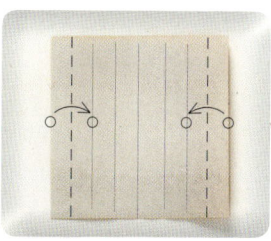  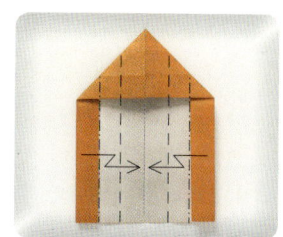

01 문접기를 한 다음 펴요. ○와 ○, ●과 ●을 맞춰 접었다 펴요.

02 ○와 ○를 맞춰 접어요.

03 중심선에 맞춰 접어요.

04 계단접기해요.

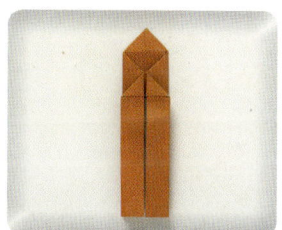 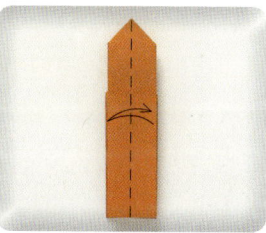  

05 **04**의 기호대로 접은 후 **06**과 같이 뒤집어요.

06 반으로 접었다 입체로 펴요.

07 나무 기둥 완성. 입체 나무를 끼워 붙여요.

08 입체 나무 완성.

▶ How To... 입체 나무 카드 조립

01 입체 나무를 준비한 카드지(흰색 머메이드지에 남색 타공지를 붙임) 중심에 맞춰 양쪽으로 반반 붙여요.

02 별 스티커와 눈 펀치를 찍어 붙여요.

03 입체 나무 카드 완성.

▶ How To... 응용 : 리스 카드

종이 크기 **리스** ☐ 빨강 금색 양면 색종이 4.5×4.5cm 4장 ☐ 초록 금색 양면 색종이 4.5×4.5cm 4장 **리본** ☐ 주황 금색 양면 색종이 4×4cm 1장 **촛불** ☐ 빨강 단면 색종이 4.5×4.5cm 1장 ☐ 남색 머메이드지 17×24cm 1장 ☐ 흰색 타공지 11×26cm 1장 **기타 재료** ☐ X-mas 글자 장식

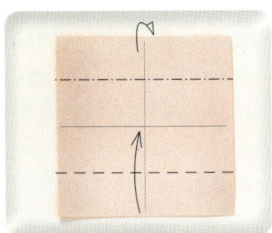
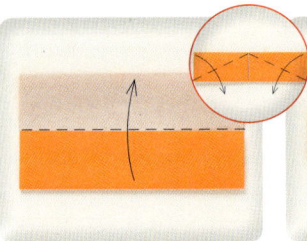

01 가로세로 사각접기를 한 후 앞뒤로 접어요.

02 위로 접어 올려요. 앞 장만 접이선에 맞춰 접어 내리고 뒤집어요.

03 양쪽을 접은 후 중심을 계단접기한 다음 뒤집어요.

04 리본 완성.

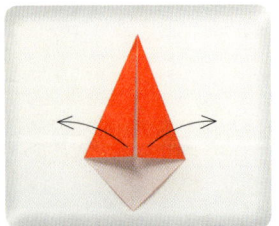
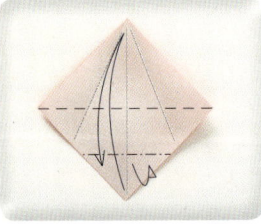
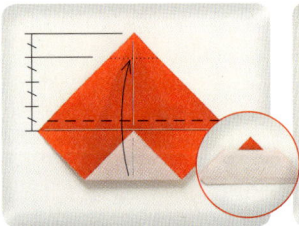
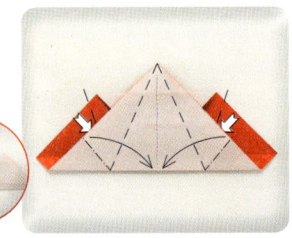

05 촛불을 만들 때 제일 먼저 아이스크림접기를 접었다 펴요.

06 중심을 접었다 펴고 아래쪽은 뒤로 접고 뒤집어요.

07 1/4에 맞춰 접어 올리고, 08처럼 뒤집어요.

08 중심선에 맞춰 양쪽을 펼쳐 눌러 접어요.

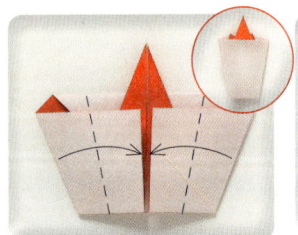

09 중심선에 맞춰 접은 다음 뒤집으면 촛불 완성.

10 168쪽 리스 I 테두리 03에서 시작해서 접어 올려요.

11 리본과 촛불을 붙이면 리스 완성.

04 만든 리스를 카드에 붙여요. 리스 카드 완성.

X-mas 트리

가족들과 함께 예쁜 소품으로 크리스마스 트리를 장식해요.
온 집안이 크리스마스 분위기로 화사해져요.

종이 크기 나무 I □ 크리스마스 양면 포장지 20×20cm 4장 나무 기둥 I □ 밤색 구김지 20×20cm 4장 나무 II □ 크리스마스 양면 포장지 15×15cm 4장 나무 기둥 II □ 밤색 색종이 15×15cm 4장

기타 재료 □ 종 □ 금색 별 □ 금색 리본 □ 금색 구슬줄 □ 리본 □ 글루건 □ 장식 종

How To... 나무 I

01 양쪽 삼각접기를 접은 후 시작해요. 중심에 맞춰 접었다 펴요.

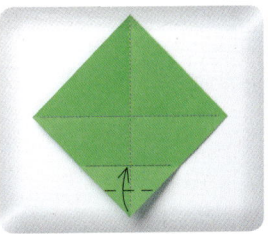
02 접었다 편 선에 맞춰 접어요.

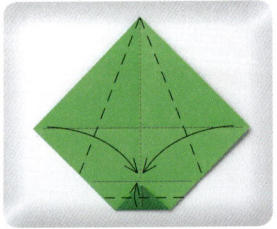
03 접기선에 맞춰 접은 다음 뒤집어요.

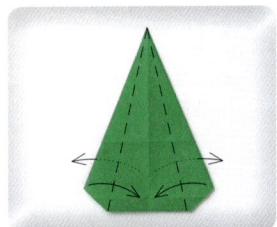
04 중심선에 맞춰 접으면서 뒤의 종이를 펴요.

05 ㅇ와 ㅇ를 맞춰 접어요.

06 05의 기호대로 접은 후 07과 같이 뒤집어요.

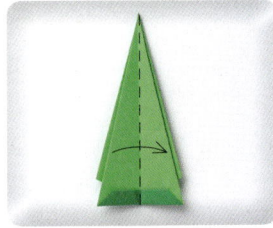
07 반으로 접어요.

08 앞뒤 1장씩 펴요.

09 완성. 같은 방법으로 3장 더 접어요. 뒷장을 사진과 같이 뒤로 펼쳐요.

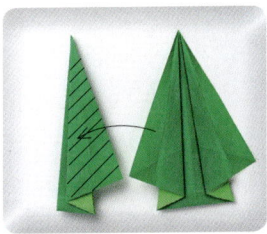
10 빗금 친 부분을 풀칠해서 겹쳐 붙여요. 같은 방법으로 4장 모두 붙여 입체 나무를 만들어요.

11 나무 I 완성.

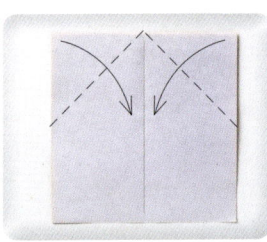
12 나무 기둥을 만들기 위해 밤색 구김지를 반으로 접었다 펴서 중심선에 맞춰 접어요.

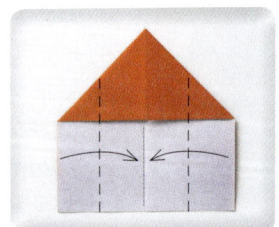
13 중심선에 맞춰 접어요.

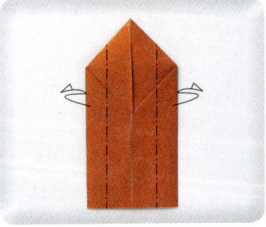
14 뒤로 접었다 펴요. 같은 방법으로 3장 더 접어서 15처럼 풀칠하여 겹쳐 붙여요.

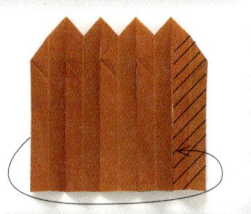
15 빗금 친 부분을 풀칠해서 겹쳐 붙여 입체 나무 기둥으로 만들어요.

16 나무를 끼워 붙여 X-mas 나무 I 을 완성해요.

▶ How To... 나무 II

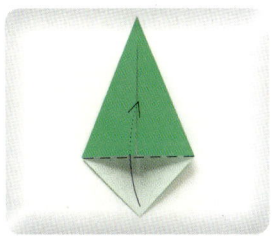  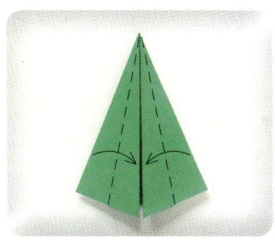 

01 아이스크림접기에서 시작해요. 안으로 접어 넣어 뒤집어요.
02 중심선에 맞춰 접으면서 뒤의 종이를 펴요. 뒤집어요.
03 중심선에 맞춰 접어요.
04 03의 기호대로 접은 후 05와 같이 뒤집어요.

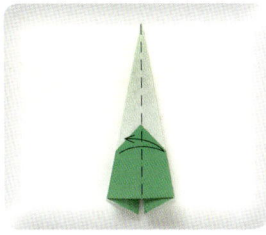  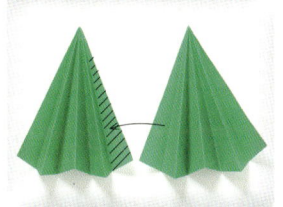 

05 접었다 펴요.
06 완성. 입체로 펼쳐요. 같은 방법으로 3장 더 접어요.
07 빗금 친 부분을 풀칠해서 겹쳐 붙여요. 같은 방법으로 4장 모두 붙여 입체 나무를 만들어요.
08 나무 II 완성.

 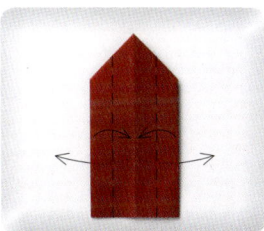  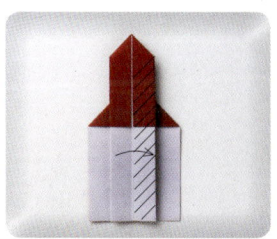

09 나무 I 14에서 시작해요. 뒤집어요.
10 중심선에 맞춰 접으면서 뒤의 종이를 펴요.
11 10의 기호대로 접은 후 12와 같이 뒤집어요.
12 빗금 친 부분에 풀칠해서 접어 붙여요.

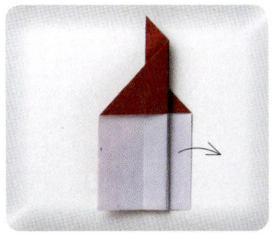 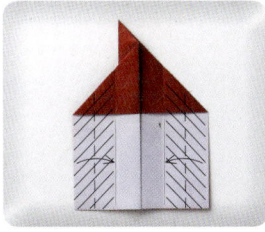  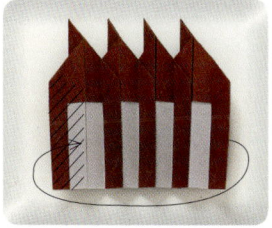

13 뒤의 1장만 펴요.
14 빗금 친 부분에 풀칠해서 접어 붙여요.
15 접었다 펴요. 같은 방법으로 3장 더 접어요.
16 빗금 친 부분을 풀칠해서 겹쳐 입체 나무 기둥으로 만들어요.

17 나무 기둥 완성.
18 나무를 끼워 붙여요. X-mas 나무 II를 완성해요.

PART 3

엄마가 접는
종이접기

엄마가 꾸며 주는 내 아이 생일 파티

파티에 필요한 용품을 직접 만들어 생일 파티를 꾸며 보세요.
아이에게 무엇보다 값진 선물이 되겠죠?

▶ How To... 파티 모자

종이 크기 ☐ 포장지 20×20cm 1장
기타 재료 ☐ 가는 고무줄 ☐ 반짝이 줄 ☐ 코볼

01 세로 중심 17cm 부분에 맞춰 접어요.

02 비스듬히 접어요.

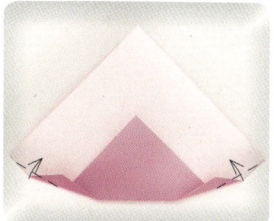

03 비스듬히 접어요.

04 접은 모양.

05 한쪽에 양면테이프를 붙이고 끝부분을 조금 가위로 잘라요.

06 둥글게 말아 붙여요.

07 장식과 고무줄을 붙여 완성해요. 파티 모자 완성.

▶ How To... 별 접시

종이 크기 ☐ 색종이나 포장지 25×25cm 1장

01 색이 안으로 오도록 방석접기를 접어 뒤집어요.

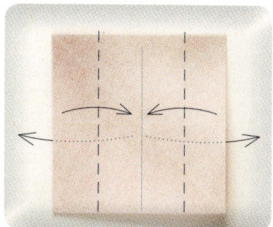

02 중심선에 맞춰 접으면서 뒷장을 펼쳐요.

03 방석접기로 돌아가서 반대 방향도 같은 방법으로 접어요.

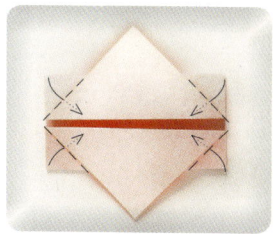

04 화살표 방향으로 접어 앞 장 뒤로 넣어요.

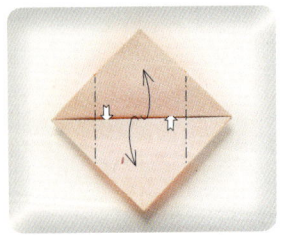

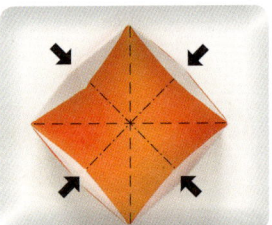

05 화살표 방향으로 벌려 06과 같은 모양을 만들어요.

06 05의 기호대로 접은 후 07과 같이 뒤집어요.

07 바깥쪽을 누르면서 기호대로 모아요.

08 중간 과정.

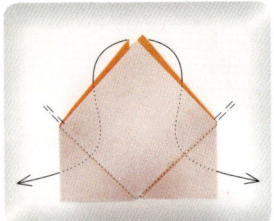
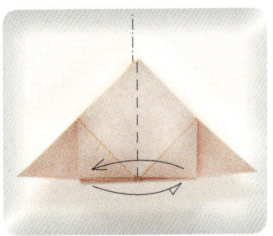
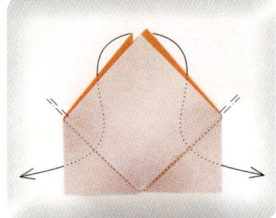
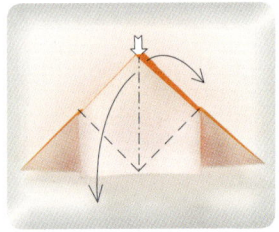

09 화살표 방향으로 당기면서 10과 같은 모양이 나오도록 접어요.

10 앞뒤 각각 1장씩 접어요.

11 09와 같은 방법으로 접어요.

12 펼쳐서 13과 같은 모양이 나오도록 접어요.

13 별 접시 완성.

▶ **추가 아이디어!!**

모서리를 조금씩 접으면 꽃 모양 접시가 돼요. 작은 소품을 담아 정리해 보세요.

▶ How To... 병아리 상자

종이 크기 □ 양면 포장지 21×21cm 1장
기타 재료 □ 무빙아이

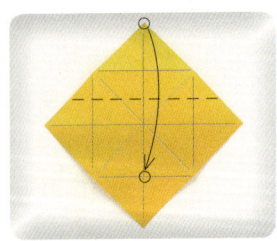
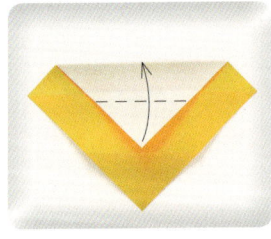

01 삼각접기, 사각접기를 하고 방석접기를 접었다 편 뒤 시작해요.

02 위로 접어요.

03 위로 올려요.

04 나머지 3곳도 01~03까지 같은 방법으로 접은 뒤 뒤집어요.

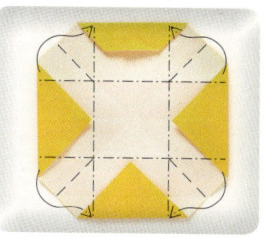

05 위로 접어요. 빗금 친 부리 부분에 빨간 색종이를 덧붙여서 부리 색을 달리할 수도 있어요.

06 05 확대. 접었다 펴요.

07 부리 부분이 08과 같이 되도록 접어요.

08 선대로 모아 화살표 방향으로 끼워 고정해요.

09 상자가 만들어지도록 끼워 고정하는 모양.

10 날개 부분을 손이나 연필로 굴려요.

11 상자 완성.

▶ How To... 고양이 상자

종이 크기 ☐ 포장지 27×27cm 1장   ☐ 미요 머리 12×12cm 1장

01 방석접기를 접은 면을 위로 병아리 상자 01~08까지 부리 접는 부분을 빼고 접어요.

02 1곳을 위쪽으로 펼쳐 눌러 접어요.

03 02 접은 모양.

04 올려 접은 부분에 60쪽 고양이 미요 머리를 붙여 동물 상자를 완성해요(좋아하는 동물 머리를 붙여 동물 상자로 만들수 있어요).

▶ How To... 날개 하트

종이 크기 □ 양면 금은 색종이 6×6cm 1장
기타 재료 □ 꼬지

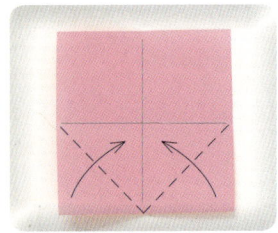
01 가로세로 사각접기를 접었다 펴서 시작해요.

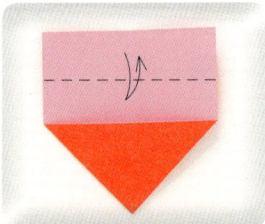
02 아래로 접었다 펴서 뒤집어요.

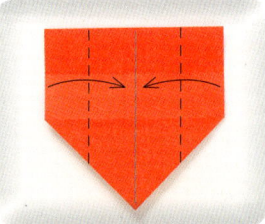
03 중심선에 맞춰 접어요.

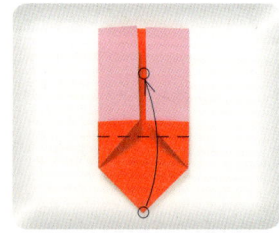
04 위로 접어요.

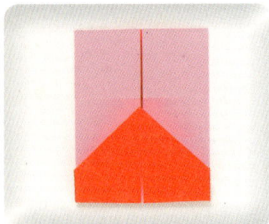
05 04의 기호대로 접은 후 06과 같이 뒤집어요.

06 앞 장만 접었다 펴요.

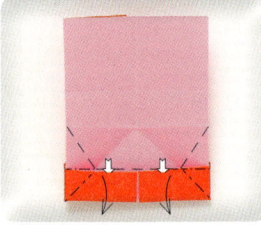
07 펼치면서 08과 같이 접어요.

08 07 접는 중간 과정.

09 화살표 방향으로 접어요.

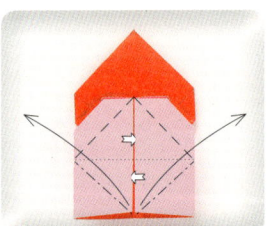
10 펼쳐 눌러 접어 11과 같이 접어요.

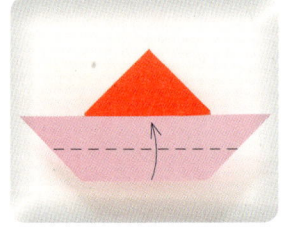
11 앞 장만 위로 접어요.

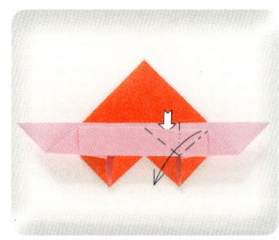
12 펼쳐 눌러 접어요.

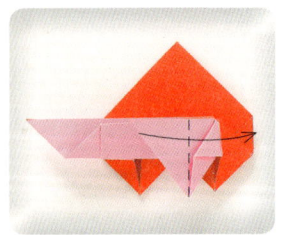
13 화살표 방향으로 접어요. 반대쪽도 12~13과 같이 접어요.

14 날개 끝을 당긴 후 돌려서 15 모양을 만들어요.

15 화살표 안쪽을 벌려 모양을 잡아 뒤집어요.

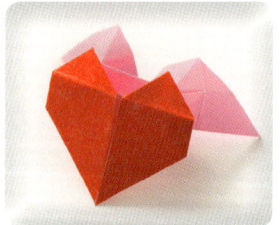
16 날개 하트 완성(꼬지 위에 붙여서 포크 대용으로 사용해요).

▶ How To... 개구리 피리

종이 크기 ☐ 색종이 15×15cm 1장   ☐ 반짝이 띠종이 1×15cm 1장
기타 재료 ☐ 빨대   ☐ 피리   ☐ 무빙아이

01 가로세로 사각접기하고 펼쳐서 문접기에서 시작해요.

02 중심에 맞춰 접어요.

03 화살표 방향으로 잡아 빼서 눌러 접어요.

04 중심에 맞춰 접었다 펴요.

05 뒤로 접어요.

06 중심에 맞춰 접었다 펴요.

07 뒤로 접은 후 뒤집어요.

08 접기선대로 접어 내려요.

09 08의 기호대로 접은 후 10과 같이 뒤집어요.

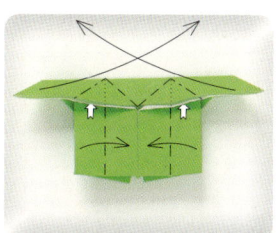
10 펼쳐 눌러 접어요.

11 10의 기호대로 접은 후 12와 같이 뒤집어요.

12 13 모양이 나오도록 눌러 접어요.

13 접은 모양.

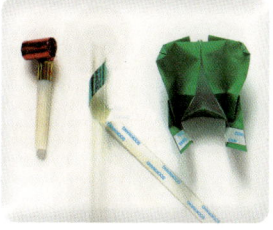
14 띠종이에 양면테이프를 붙이고 빨대에 사선으로 감아요. 피리를 빨대에 끼워요.

15 빨대에 머리를 붙여요.

16 개구리 피리 완성.

밸런타인 리스

밸런타인데이를 맞아 연인과 남편에게 선물해요.
초콜릿 또는 사탕을 담아서 사랑을 전해요.

TIP 초콜릿이나 사탕 등을 담아서 벽걸이 장식으로 사용해요.

종이 크기 리스 □ 분홍 모시지 11×11cm 6장 □ 연분홍 모시지 11×11cm 6장 하트 □ 분홍 모시지 11×5.5cm 2장 □ 연분홍 모시지 8×4cm 2장
기타 재료 □ 반구 大 2개 □ 반구 小 2개 □ 레이스 □ 장식꽃 □ 리본 □ 구슬줄 □ 초콜릿 □ 원형 찍찍이 3개 □ 양면테이프

▶ How To... 밸런타인 리스

01 사진과 같이 모두 접었다 펴요.

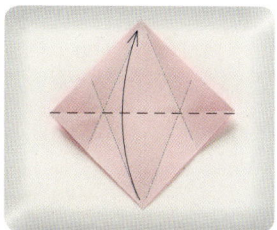

02 접어 올려요.

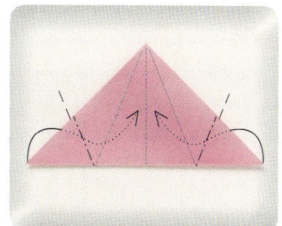

03 안쪽으로 접어요.

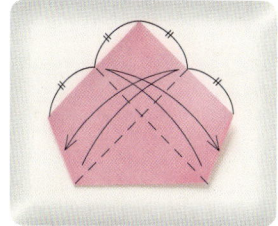

04 사진과 같이 접었다 펴요.

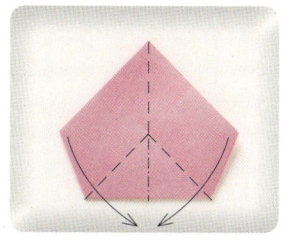

05 접기선대로 모아 접으면서 방향을 돌려요.

06 07 중간 과정.

07 완성. 같은 방법으로 각각 6장씩 접어요.

08 화살표 방향으로 풀칠해서 끼워 넣어요.

09 3장을 조립한 모양.

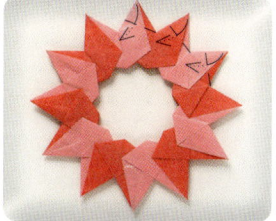

10 12장 모두 조립한 뒤 안쪽으로 접어 넣어요.

11 반구 1개를 양면테이프로 붙이고 반대편에는 반구 1개에 원형 찍찍이를 붙여 여닫을 수 있게 해준 후 레이스로 장식해요.

12 리스 본체 완성.

13 장식용으로 188쪽 부활절 달걀 바구니의 하트를 4장 접어 2장씩 맞붙이면서 레이스와 리본을 붙여요.

14 완성한 하트를 12 리스 본체에 구슬줄로 연결해서 리스를 완성해요.

15 밸런타인 리스 완성.

부활절 달걀 바구니

달걀에 예쁜 그림을 그려 바구니에 담아요.
사랑하는 사람들과 부활절의 기쁨을 함께 나눠요.

TIP 달걀 주머니에 얼굴과 볏을 붙이고 리본도 귀엽게 붙여 보세요.

종이 크기 **4개 바구니** ☐ 노란 펄바둑지 54×22cm 1장 **하트** ☐ 진노랑 펄바둑지 13×6.5cm 2장 ☐ 노란 펄바둑지 8×4cm 2장 **2개 바구니** ☐ 양면 포장지 42×16cm 1장 **하트** ☐ 양면 포장지 12×6cm 2장 ☐ 양면 포장지 7×3.5cm 2장 **달걀 주머니** ☐ 스타드림지 흰색 15×15cm 4장

기타 재료 ☐ 리본 ☐ 레이스 ☐ 양면테이프 ☐ 구슬 ☐ 우드락 본드

▶ How To... 바구니

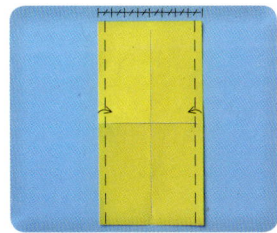  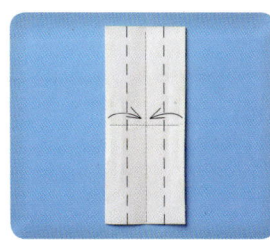 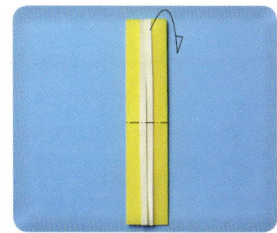

01 가로세로 반 접었다 편 후 등분을 잘 보고 1/8 선에 양쪽으로 1/16씩 접어요. **02** 01의 기호대로 접은 후 03과 같이 뒤집어요. **03** 문접기해요. **04** 뒤로 접어 내려요.

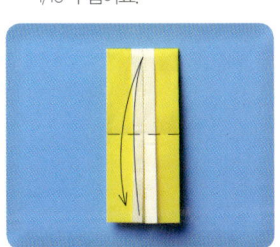 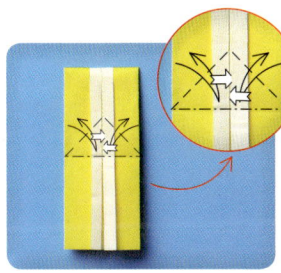 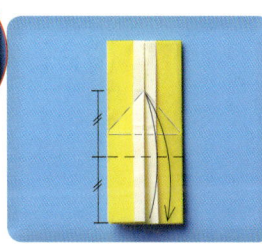 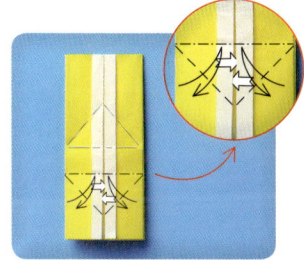

05 반으로 접었다 펴요. **06** 펼쳐 눌러 접었다 펴요. **07** 접기선에 맞춰 접었다 펴요. **08** 06과 같은 방법으로 펼쳐 눌러 접었다 펴요.

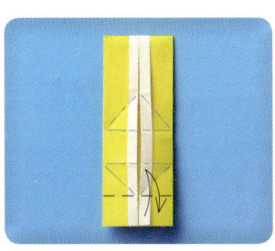 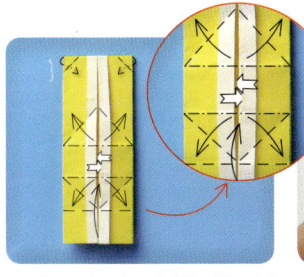 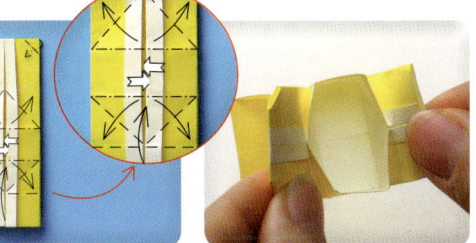 

09 접었다 편 뒤 반대쪽도 05~09까지 같은 방법으로 접어요. **10** 윗부분을 안쪽접기한 다음 펼쳐서 13과 같이 접어요. **11** 10의 중간 과정 1. **12** 10의 중간 과정 2.

13 바구니 접기 완성. **14** 하트를 붙여 달걀 바구니 완성.

▶ How To... 하트

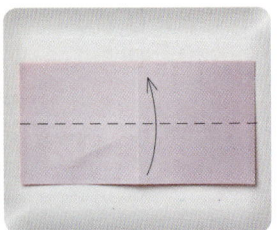 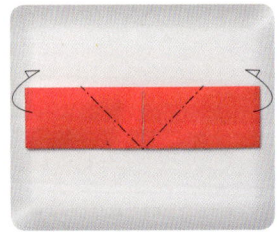 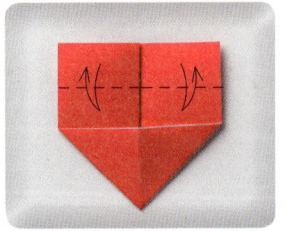 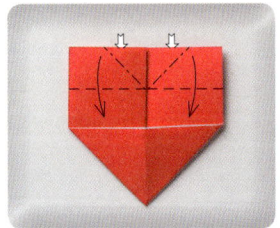

01 옆으로 반 접었다 편 후 접어 올려요.
02 뒤로 접어 올려요.
03 접었다 펴요.
04 펼쳐 눌러 접어요.

05 세모로 접어요.
06 1/3 접은 다음 뒤집어요.
07 하트 완성. 1개 더 접은 다음 앞뒤에 붙여요. 작은 하트도 접어 앞뒤로 붙여요.

▶ How To... 달걀 주머니

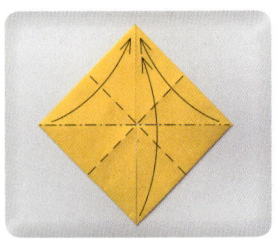 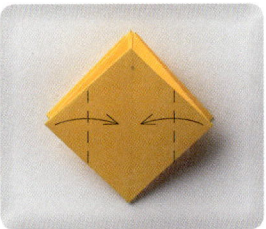 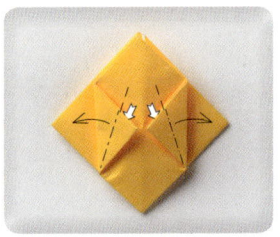 

01 방석접기에서 시작해요. 사각주머니를 접어요.
02 중심선에 맞춰 접어요.
03 화살표 방향으로 펼쳐 눌러 접어요.
04 뒤쪽으로 접어 넣어요.

05 반대쪽도 02~05까지 같은 방법으로 접어요.
06 화살표 안쪽 8군데 모두 풀칠한 뒤 입체로 만들어 리본을 붙여요.
07 달걀 주머니 완성. 같은 모양을 4개 접어 계란을 넣고 큰 바구니에 담아요.

미니 경대

화장대나 책상 위에 올려놓고
조그만 소품들을 수납해 보세요.

TIP 큰 사이즈의 종이로 접어 생활용품으로 사용해 보세요.

PART 3. 엄마가 접는 종이접기

종이 크기 **경대** □ 양면 포장지 25×25cm 1장 **경대 바닥** □ 양면 포장지 12.5×12.5cm 1장 **뒤판** □ 양면 포장지 12.5×12.5cm 1장 **경대 테두리** □ 양면 포장지 12.5×12.5cm 1장 **서랍** □ 양면 포장지 24×24cm 1장

기타 재료 □ 원형 거울 □ 꼬불이 레이스 □ 리본

▶ How To... 경대

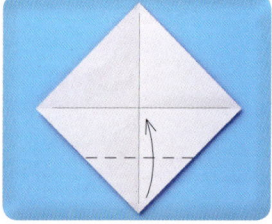
01 중심에 맞춰 접어요.

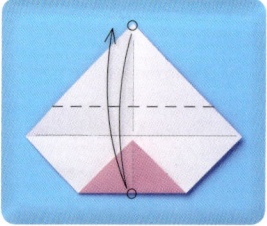
02 O와 o를 맞춰 접었다 펴요.

03 중심에 맞춰 접어요.

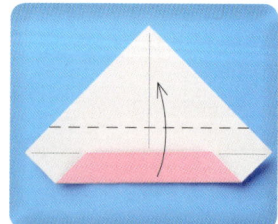
04 접어 올려요.

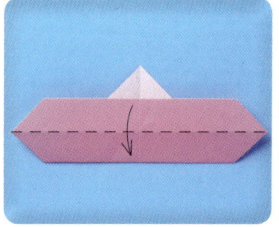
05 아래로 반 접어 내려요.

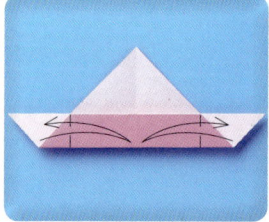
06 중심선에 맞춰 접었다 펴요.

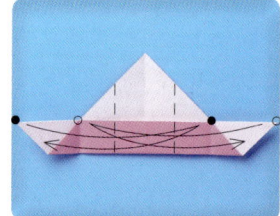
07 O와 o, ●과 ●을 맞춰 접었다 펴요.

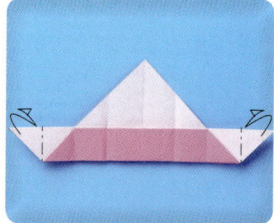
08 뒤로 접었다 펴요.

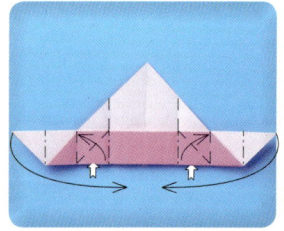
09 위의 1장만 접어 화살표 방향으로 펼쳐 눌러 접어 세워요.

10 09의 중간 과정. 입체로 세워요.

11 경대 완성. 거울을 붙여요.

▶ How To... 위 테두리

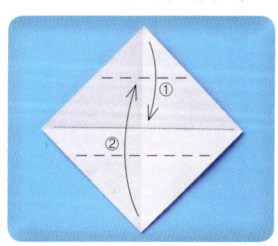
01 번호 순서대로 접어요.

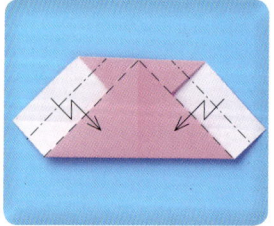
02 계단접기해요.

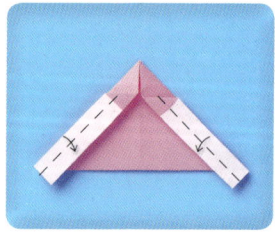
03 접어 내려요.

04 위 테두리 완성. 경대에 끼워 붙여요.

▶ How To... 서랍 I

01 방석접기에서 시작해요. 가로세로 접었다 펴요.

02 위아래만 펴요.

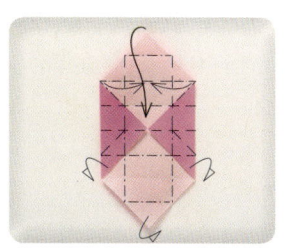
03 접기선대로 05와 같은 모양으로 접어요.

04 03 중간 과정.

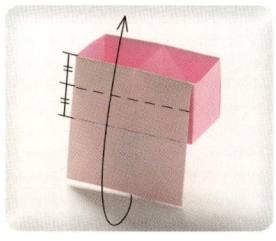
05 1/2에 맞춰 접어 올려요.

06 ○와 ○가 ●과 만나도록 접어요.

07 서랍 I 완성. 경대에 서랍을 끼워요.

▶ How To... 서랍 II

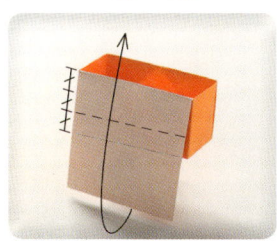
01 서랍 I 05에서 시작해요. 1/3에 맞춰 접어 올려요.

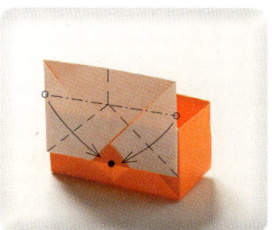
02 ○와 ○가 ●과 만나도록 접어요.

03 서랍 II 완성. 경대에 서랍을 끼워요.

▶ How To... 뒤판

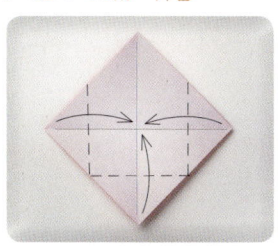
01 중심으로 3군데를 접어요.

02 뒤판 완성. 경대 뒤쪽에 붙여요.

▶ How To... 바닥

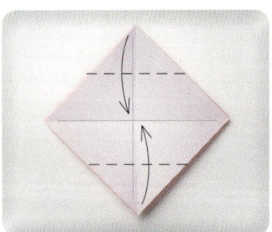 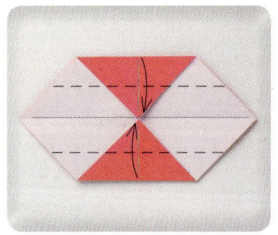 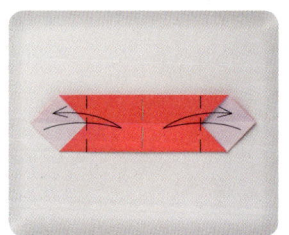 

01 중심에 맞춰 접어요.   02 중심선에 맞춰 1번 더 접어요.   03 접었다 펴요.   04 바닥 완성. 경대 바닥에 붙여요.

▶ How To... 미니 경대 조립

01 원형 거울에 꼬불이 레이스를 붙여요.   02 경대에 위 테두리와 바닥을 끼워 붙여요.   03 뒤판을 붙이고 접은 서랍을 끼워 넣어요.   04 거울을 붙여요. 미니 경대 완성.

▶ 추가 아이디어!!

색상과 서랍의 모양도 다르게 접어서 다양한 미니 경대를 만들어 볼 수 있어요.

상품권 봉투

고급스런 종이로 만든 선물용 봉투는 멋스러워요.
지갑으로도 활용해 보세요.

TIP 리본 테이프는 봉투와 같은 종류의 종이로 배색해 대체 가능해요. 수입지는 양면테이프를 이용해 붙여 완성도를 높여 보세요.

종이 크기 유니트 A □ 수입지 33×24.5cm 1장   유니트 B □ 수입지 33×33cm 1장
기타 재료 □ 리본 테이프 4×37cm □ 리본 테이프 1.5×37cm □ 강력 ND 자석 □ 자석판 □ 금속 장식 □ 양면테이프

▶ How To... 유니트 A

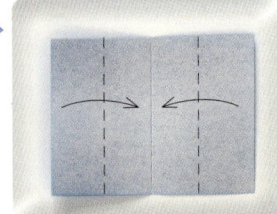
01 반을 접었다 편 후 중심에 맞춰 접어요.

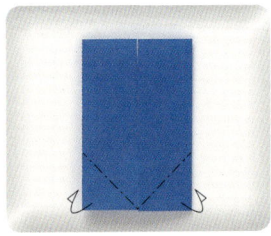
02 뒤로 접어요.

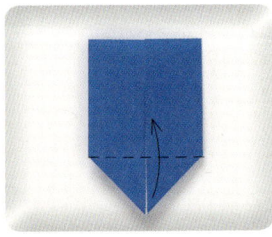
03 위로 접어요.

04 화살표 방향으로 잡아 빼서 눌러 접어요.

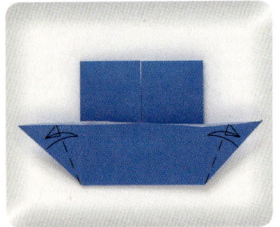
05 접었다 펴요.

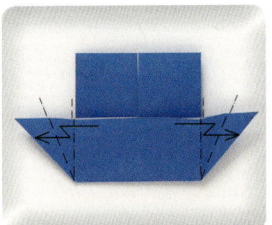
06 계단접기해요.

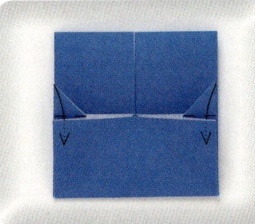
07 아래로 접어 앞 장 뒤로 넣어요.

08 아래로 접어 09처럼 안으로 넣어요.

09 유니트 A 완성.

▶ How To... 유니트 B

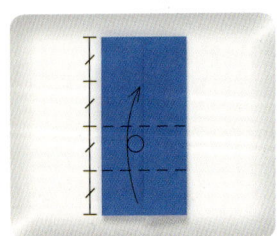
01 문접기에서 시작해요. 같은 방향으로 계속 접어요.

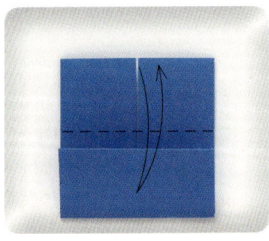
02 간격을 남기고 아래로 접었다 펴요.

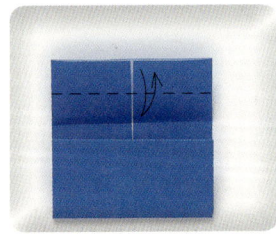
03 접었다 편 선에 맞추어 접었다 펴요.

04 화살표 방향으로 접었다 펴요.

05 화살표 안쪽으로 접어요.

06 ○ 부분에 자석을 붙이고 아래로 접어 붙여요.

07 유니트 B 완성.

▶ How To... 상품권 봉투 조립

01 유니트 B 아랫부분을 펴서 유니트 A를 접었다 편 선에 맞춰 올려요.

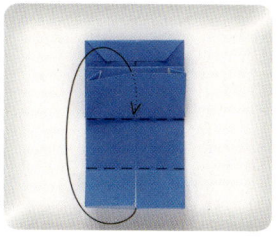

02 접기선대로 접어 유니트 A 안쪽으로 넣어요.

03 리본 테이프를 유니트 A에 화살표 방향으로 돌려 붙여요.

04 유니트 A와 유니트 B를 붙여요.

05 자석과 만나는 리본 테이프 ○ 부분 뒷면에 자석판을 붙여요. 장식을 붙여 완성해요.

▶ 추가 아이디어!!

색종이로 접어 어린이용으로 활용해요. 같은 종류의 종이로 배색해 띠를 두르고 매듭으로 장식하면 다른 분위기의 봉투가 완성돼요.

향기 복주머니

커피향이나 다른 방향제를 넣어 집 안 곳곳에 놓아 보세요.
향기롭고 은은한 향이 퍼질 거예요.

종이 크기 ☐ 펄타공지 18×18cm 1장 ☐ 전통 문양 종이 21×3cm 1장
기타 재료 ☐ 전통 매듭 ☐ ND 자석 ☐ 자석판 ☐ 커피향(포푸리)

▶ How To... 향기 복주머니

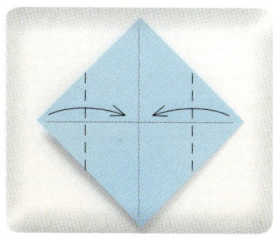
01 가로세로 삼각접기를 접은 다음 중심에 맞춰 접어요.

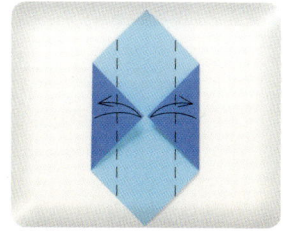
02 접었다 편 후 펼쳐요.

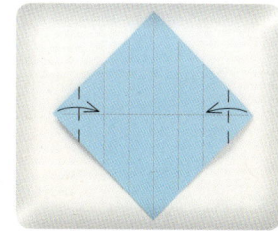
03 양옆을 접고 뒤집어요.

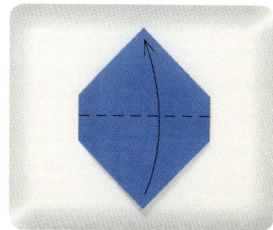
04 접어 올려요.

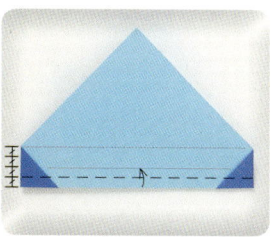
05 1/4 등분을 접어요.

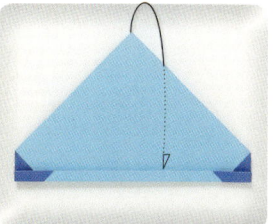
06 뒷장만 아래로 펴서 내려 07과 같이 만들어요.

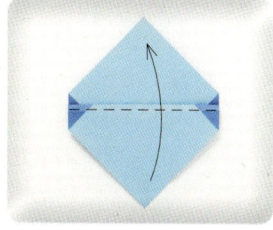
07 앞 장을 접어 올려요.

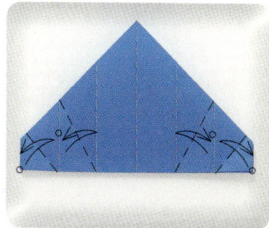
08 O와 O를 잘 보고 접었다 펴요.

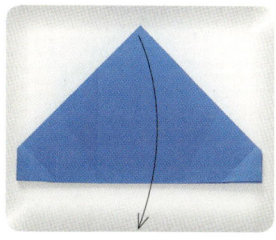
09 위에서 아래로 펼쳐요.

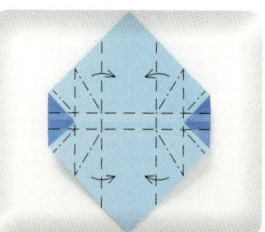
10 접선을 잘 보고 접어요(11 참고).

11 12와 같은 모양으로 모아요.

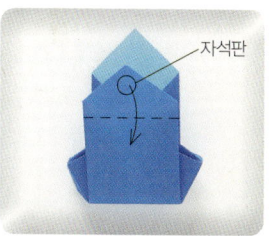
12 앞 장만 접어 내려요(이때 자석판을 붙여요).

13 12에서 접은 것보다 조금 덜 접어요. 위치에 ND 자석을 붙여요 (이때 복주머니 안에 커피향이나 방향제를 넣어요).

14 문양 종이를 길게 잘라 붙여요 (53쪽 꽃게 응용 복주머니 조립 03 참고).

15 매듭 장식을 붙여 완성해요.

16 향기 복주머니 완성.

전통 떡함

특별한 날에는 고마움을 표현하고 싶어요.
정성스럽게 만든 상자에 떡을 담아 선물해 보세요.

TIP 뚜껑에 다른 문양을 접어 붙여서 응용해 보세요.

종이 크기   상자 □ 양면 무늬 포장지 24.5×24.5cm 1장   **뚜껑** □ 양면 무늬 포장지 13×13cm 4장   **뚜껑 문양** □ 양면 무늬 포장지 9×9cm 2장
기타 재료 □ 매듭

▶ How To...   상자는 밸런타인데이 선물 상자(162쪽)와 같은 방법으로 접어요.

▶ How To...   뚜껑 A

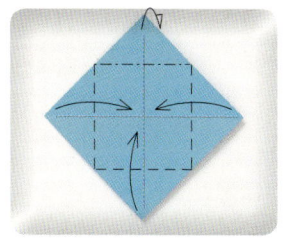 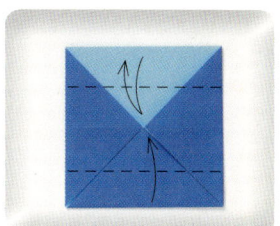  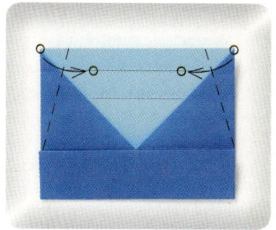

01 삼각접기를 양방향 접었다 편 후 화살표 방향으로 접어요.   **02** 화살표 방향으로 접어요.   **03** 접었다 펴요.   **04** o와 o를 맞춰 접어요.

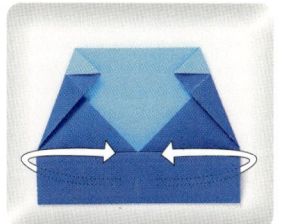 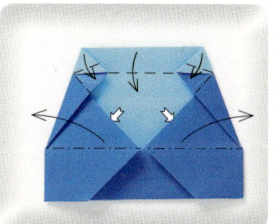  

05 양옆의 아래쪽 종이를 잡아 빼서 위로 올려요.   **06** 양옆을 펴면서 윗부분을 계단접기해요.   **07** 06의 기호대로 접은 후 08과 같이 뒤집어요.   **08** 뚜껑 A 유니트 완성. 같은 방법으로 1장 더 접어요.

▶ How To...   뚜껑 B

  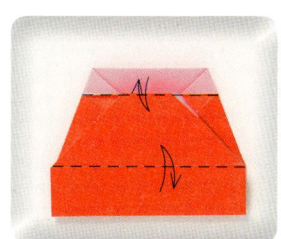 

01 뚜껑 A의 04에서 시작해요. 잡아 빼요.   **02** 뒤로 접어요.   **03** 선을 다시 한 번 내고 뒤집어요.   **04** 뚜껑 B 유니트 완성. 같은 방법으로 1장 더 접어요.

▶ How To... 뚜껑 조립

01 빗금 친 부분에 풀칠해서 끼워 붙여요. 이때 윗부분이 90°가 되도록 다시 한 번 눌러서 접어요.

02 나머지도 같은 방법으로 끼워 붙여요.

03 뚜껑 완성.

▶ How To... 뚜껑 문양과 떡함 조립

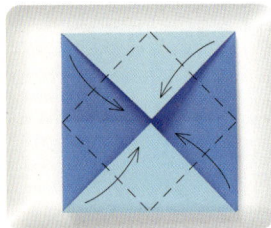
01 대각선으로 앞뒤 방석접기한 뒤 시작해요.

02 01의 기호대로 접은 후 03과 같이 뒤집어요.

03 뚜껑 문양 윗부분 완성.

04 배색 종이로 방석접기한 뒤 뒤집어서 03을 엇갈려 붙여요.

05 뚜껑 문양 완성. 뚜껑 윗부분에 붙여요.

06 떡함 뚜껑 완성.

07 상자(162쪽 밸런타인데이 선물 상자와 같은 방법으로 접어요)에 뚜껑을 씌워 떡함을 완성해요.

▶ How To... 응용 : 윗부분이 좁은 뚜껑

뚜껑 A의 04 기준점을 달리하면 뚜껑이 좀 더 슬림한 상자가 돼요.
종이 크기 **상자** □ 양면 무늬 포장지 24.5×24.5cm 1장   **뚜껑** □ 양면 무늬 포장지 13×13cm 4장   **뚜껑 문양** □ 양면 무늬 포장지 9×9cm 2장
기타 재료 □ 매듭

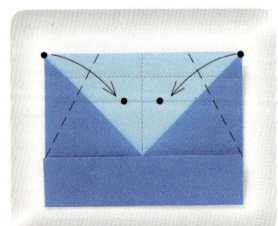
01 뚜껑 A 03에서 시작해요.

02 나머지는 같은 방법으로 접어서 완성해요.

03 윗부분이 좁은 떡함 완성.

X-mas 장식 리스

포인세티아 꽃을 접어 화려하게 꾸며요.
현관문에 장식하면 크리스마스 분위기가 나요.

TIP 포인세티아 꽃으로 코사지를 만들어 봐요.

종이 크기 꽃 1송이 □ 스타드림지 단면 금색 4.5×4.5cm 6장 □ 스타드림지 단면 금색 4×4cm 6장 꽃 2송이 □ 스타드림지 단면 금색 3.5×3.5cm 12장 □ 스타드림지 단면 금색 3×3cm 12장 꽃 2송이 □ 스타드림지 단면 빨강 4×4cm 12장 □ 스타드림지 단면 빨강 3.5×3.5cm 12장

기타 재료 □ 크리스마스 금색 씨 □ 장식볼 □ 금색 줄구슬 □ 빨강 공단 리본 5cm □ 초록 공단 리본 5cm □ 금색 리본 5cm □ 금색 리본 1cm □ 크리스마스 장식 □ 나뭇가지 재료

▶ How To... 포인세티아 꽃

01 아이스크림접기에서 시작해요. 안으로 접어 넣어요.
02 접었다 펴요.
03 펼쳐 눌러 화살표 방향으로 접어요.
04 완성. 같은 방법으로 5장 더 접어요.

05 빗금 친 부분을 풀칠해서 겹쳐 붙여요.
06 빗금 친 부분을 겹쳐 붙여서 동그랗게 입체로 만들어요.
07 다른 크기 1개를 더 접어 겹친 후 씨를 넣고 꽃을 손질해요.
08 꽃 완성.

▶ How To... 리스 조립

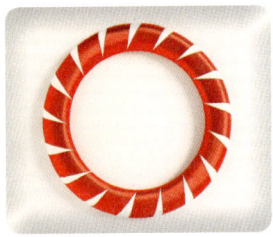   

01 원형 스티로폼에 빨강 공단 리본을 감아요.
02 초록 공단 리본을 감아요.
03 금색 가는 리본을 감고 금색 장식볼과 큰 리본을 만들어 붙여 줘요.
04 리본을 감은 리스에 꽃을 대칭으로 붙이고 크리스마스 금색 나뭇가지를 잘라 붙여 리스를 완성해요.

X-mas 선물 가방

선물의 크기와 용도에 따라 크리스마스 포장지를 선택해요.
모양과 크기를 다양하게 접어 선물 가방으로 활용해요.

종이 크기 가방 □ 크리스마스 양면 포장지 37×25cm 2장
기타 재료 □ 마분지 □ 금색 가방줄

▶ How To... 가방

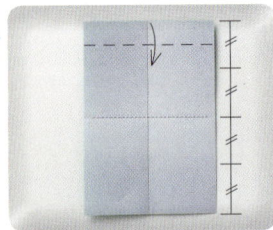
01 1/4에 맞춰 접어 내려요.

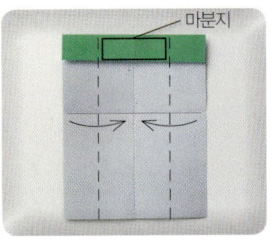
02 윗부분 안쪽에 마분지를 붙이고 문접기해요.

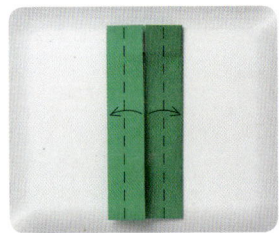
03 화살표 방향으로 접은 다음 오른쪽만 펴요.

04 완성. 같은 방법으로 1장 더 접은 다음 뒤집어요.

▶ How To... 가방 조립

01 빗금 친 부분에 풀칠해서 겹쳐 붙여요. 반대쪽도 같은 방법으로 붙여요.

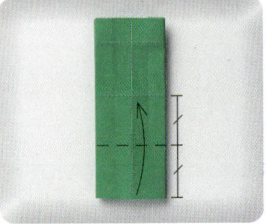
02 선에 맞춰 접어요.

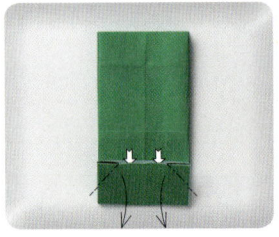
03 펼쳐 눌러 04와 같이 접어요.

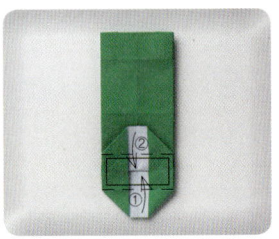
04 바닥 부분에 마분지를 넣고 순서대로 접어요.

05 풀칠해서 입체로 만들어요.

06 손잡이를 붙여요.

07 가방 완성.

▶ 추가 아이디어!!

선물의 종류와 크기에 따라 다양한 가방을 만들 수 있어요. 나무나 꽃, 리스도 접어 붙이면 가방이 더욱 고급스럽게 느껴져요.

산타 사각함

뚜껑이 있어서 초콜릿이나 사탕을 담아 두면 좋아요.
크리스마스이브에 선물과 함께 주면 깜짝 선물이 되겠죠.

종이 크기 **산타** ☐ 단면 색종이 12×12cm 2장 **산타 연결대** ☐ 무늬 색종이 12×12cm 2장 **사각함** ☐ 무늬 색종이 12×12cm 4장 **바닥** ☐ 무늬 색종이 7×7cm 1장

기타 재료 ☐ 코볼 ☐ 리본 ☐ 방울 ☐ 눈 스티커

▶ How To... 산타

01 가로세로 사각접기한 뒤 시작해요.

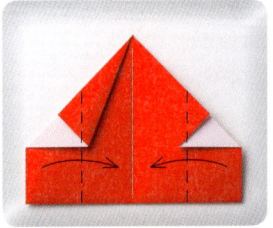
02 중심선에 맞춰 접어요.

03 접었다 펴요.

04 O와 O를 맞춰 접어요.

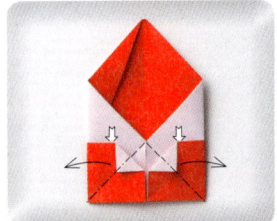
05 펼쳐 눌러 접어요.

06 05의 기호대로 접은 후 07과 같이 뒤집어요.

07 접기선을 잘 보고 접어요.

08 팔이 대칭이 되도록 접어요.

09 산타 완성. 같은 방법으로 1장 더 접어요.

10 아이스크림접기에서 시작해요. 3/4 위치에 등분대로 접어 올려요.

11 중심선에 맞춰 접어요.

12 산타 연결대 완성. 같은 방법으로 1장 더 접어요.

13 12를 뒤집어서 빗금 친 부분에 풀칠해 산타를 붙여요.

14 나머지도 모두 연결해 붙여요.

15 뚜껑을 완성해요.

▶ How To... 사각함

01 아이스크림접기에서 시작해요.

02 접기선 위치를 잘 보고 접었다 편 선을 만들어요.

03 04와 같이 펼쳐요.

04 순서대로 접어요.

05 빗금 친 부분에 풀칠해 붙여요.

06 접기선대로 접어요.

07 양쪽에 나 있는 접선에 맞춰 접어요.

08 빗금 친 곳에 풀칠해 접어 붙여요.

09 안쪽을 벌려 입체로 만들어요.

10 사각함 완성. 같은 방법으로 3장 더 접어요.

11 뒤집은 후 빗금 친 곳에 풀칠해 붙여요. 4장 모두 연결해요.

12 4장 모두 연결한 모양.

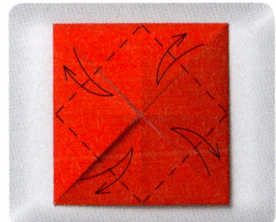

13 방석접기에서 시작해요. 접었다 편 선을 만들어 바닥을 완성하고 상자의 바닥에 붙여요.

14 바닥을 붙여 완성해요.

15 장식한 산타 뚜껑을 덮고 산타 사각함 완성.

미니 사진첩

아이들의 예쁜 추억을 조그만 사진첩에 담아 주세요.
커 가는 모습을 한눈에 볼 수 있을 거예요.

TIP 카드 지갑으로 사용해도 좋아요.

종이 크기 **속지** ☐ 포장지 12×48cm 1장　　**표지** ☐ 가죽지(포장지) 18×18cm 1장　　**잠금끈** ☐ 가죽지(포장지) 18×4.5cm 1장
기타 재료 ☐ OHP 필름지(얇은 것)　　☐ ND 자석　　☐ 자석판

▶ How To... 속지

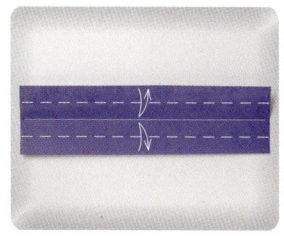
01 길게 중심선을 낸 뒤 접었다 펴요.

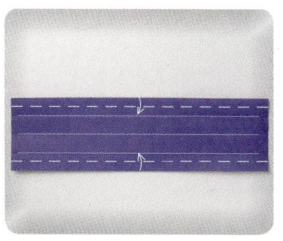
02 접선에 맞춰 접어요.

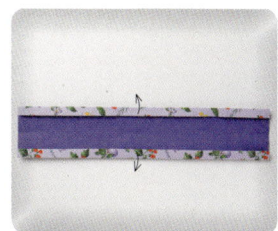
03 펴고 뒤집어요.

04 반 접었다 펴요.

05 중심선에 맞춰 문접기해요.

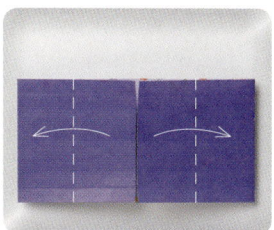
06 양옆으로 접어요.

07 뒤로 접어요.

08 화살표 방향으로 접어요.

09 1장만 화살표 방향으로 펴요.

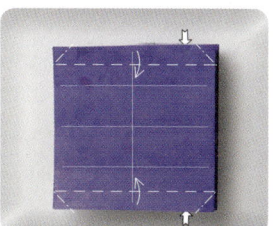
10 접기선을 보고 (02에서 접은선) 눌러접기해요.

11 화살표 방향으로 또 1장 넘겨요.

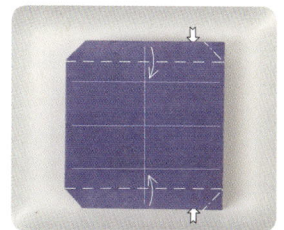
12 10과 같이 눌러 접어요.

13 나머지 부분도 09~12와 같은 방법으로 접어요.

14 속지 완성.

▶ How To... 표지

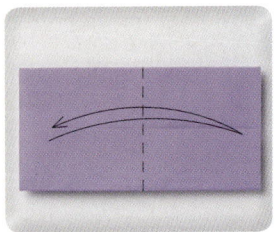

01 문접기에서 시작해요. 반 접었다 펴요.

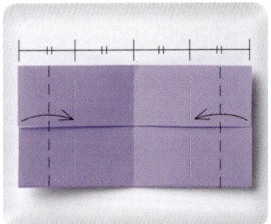

02 등분에 맞게 접어요.

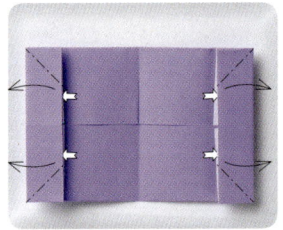

03 펼쳐 눌러 접어요.

04 접기선대로 접어요.

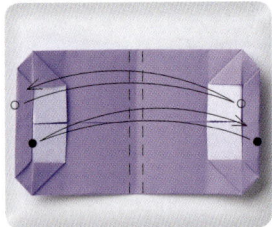

05 ○와 ○, ●과 ●을 맞춰 접었다 펴요.

06 표지 완성.

▶ How To... 잠금띠

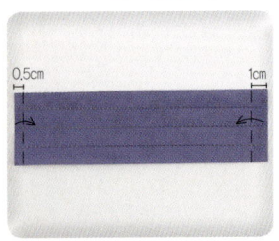

01 길게 자른 종이를 문접기해서 시작하고 왼쪽은 0.5cm, 오른쪽은 1cm를 접어요.

02 왼쪽엔 자석판, 오른쪽엔 자석을 붙여요.

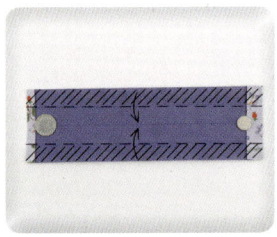

03 빗금 친 부분에 풀칠해서 다시 문접기해요.

04 잠금띠 완성.

▶ How To... 속지와 표지 조립

01 속지를 표지 위에 올려요.

02 빗금 친 부분을 접어 붙여요.

03 속지와 표지 조립 완성.

04 첫 장을 펴고 접힌 종이를 올려요.

 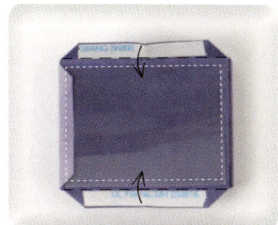  

05 양면테이프를 붙이고 조금 작게 자른 필름지를 올려요.

06 양면테이프를 떼고 붙여요.

07 04~06과 같은 방법으로 나머지 장도 반복해요.

08 OHP 필름 끼우기 완성. 뒤집어요.

09 잠금띠를 둘러 붙이고 두께만큼 접었다 편 선을 내요(오른쪽은 자석판, 왼쪽은 자석).

10 잠금띠를 둘러 닫은 모양. 미니 사진첩 완성.

▶ How To... 표지를 두꺼운 종이로 할 경우

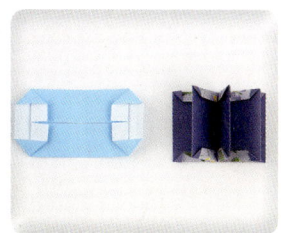  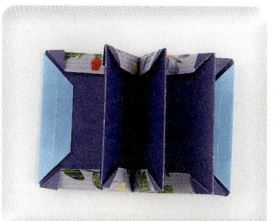 

01 완성된 표지에서 양쪽 끝을 펴서 속지를 올려요.

02 빗금 친 부분을 접어 붙여요.

03 속지와 표지 조립 과정 04~10까지 같은 방법으로 만들어요.

04 두꺼운 표지의 미니 사진첩 완성.

▶ 추가 아이디에!!

미니 사진첩에 카드를 꽂아 카드 지갑으로 사용해도 좋고, 종이 크기를 다르게 하여 CD를 넣어 보세요.
(CD 보관함 : 속지 17×78cm, 겉표지 : 34×26cm)

휴대 전화 거치대

차량이나 실내에서 휴대 전화를 찾아 헤매시나요?
멋진 거치대를 만들어 수납해 보세요.

TIP 큰 사이즈 폰은 23.5×23.5cm 1장, 마분지 8×3.2cm 2장을 사용해 보세요. 앞부분을 부착해서 사용해야 넘어지지 않아요.

종이 크기 □ 양면 무늬 포장지 22×22cm 1장
기타 재료 □ 마분지 7.2×2.6cm 2장

▶ How To... 휴대 전화 거치대

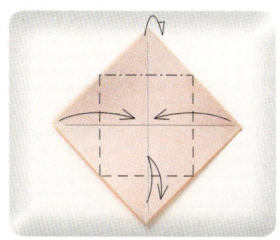
01 삼각접기를 양방향으로 접었다 편 후 화살표 방향으로 접어요.

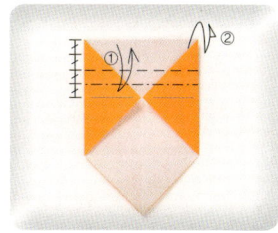
02 순서대로 접었다 펴요.

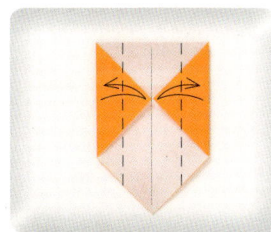
03 표시선에 맞춰 접었다 펴요.

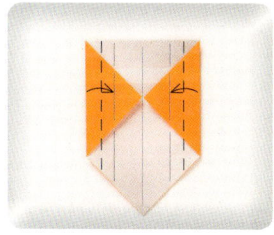
04 03의 접기선에 맞춰 접어요.

05 윗부분만 접었다 펴요.

06 접기선대로 접어요.

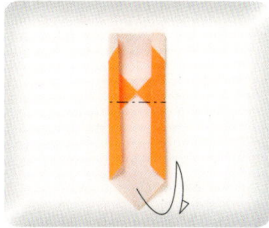
07 뒤로 접었다 펴요.

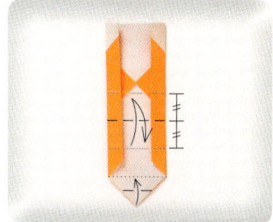
08 기준선을 잘 보고 접어요.

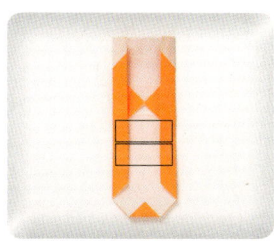
09 마분지를 끼워 붙여요.

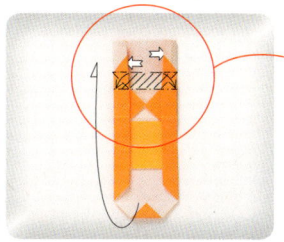
10 빗금 친 뒷부분을 붙여서 입체로 세워요.

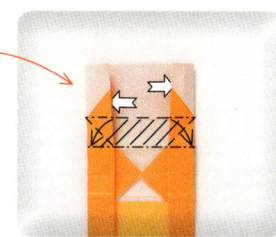
11 10 확대 부분.

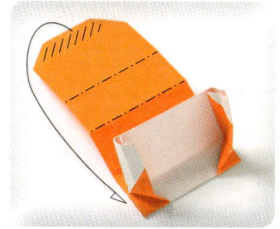
12 빗금 친 부분 뒤쪽을 풀칠해서 밑바닥으로 오도록 붙여요.

13 휴대 전화 거치대 완성.

휴지 케이스

화장지를 케이스에 넣으면 멋스럽죠.
가정이나 사무실에서 사용할 수 있어요.

TIP 같은 방법으로 접어 레이스를 붙이면 더 예뻐요.

종이 크기 **몸체** □ 펄바둑지 미색 25×25cm 6장　**몸체 윗부분** □ 펄바둑지 미색 25×9cm 2장　□ 펄바둑지 미색 12.5×9cm 2장　□ 펄바둑지 금색 25×8cm 2장　□ 펄바둑지 금색 12.5×8cm 2장　**문양** □ 펄바둑지 미색 8×8cm 8장　□ 펄바둑지 미색 5×5cm 4장　**문양 바닥** □ 펄바둑지 금색 6×6cm 8장　□ 펄바둑지 금색 4×4cm 4장

기타 재료 □ 우드락 본드　□ 미색 구슬

▶ How To... 몸체

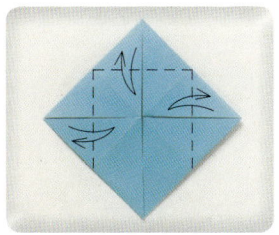   

01 방석접기에서 시작해요. 접었다 편 다음 뒤집어요.　02 중심에 맞춰 접었다 펴요.　03 빗금 친 부분에 풀칠하고 접어 붙여요.　04 완성. 같은 방법으로 5장 더 접어요.

▶ How To... 직사각형 조립

 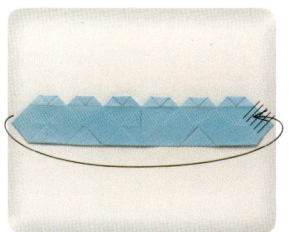 

01 빗금 친 부분에 풀칠하고 6장 겹쳐 붙여요.　02 빗금 친 부분에 풀칠하고 겹쳐 직사각형 형태로 만들어요.　03 직사각형 완성.

▶ How To... 문양

01 쌍배접기에서 시작해요. 화살표 방향으로 펼쳐 눌러 접어요.　02 선에 맞춰 접어요.　03 펼쳐 눌러 접어요.　04 접어 올려요.

05 바닥은 방석접기로 접어서 붙이고 구슬도 붙여요.

06 문양 완성.

▶ How To... 몸체 윗부분 : 배색 종이 사용

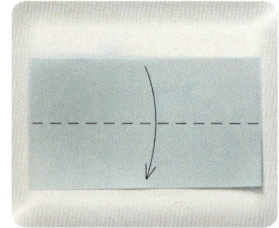
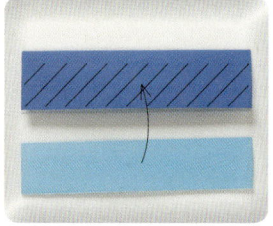

01 반으로 접어 풀칠해요.

02 2가지 색 8장 모두 접어 2개씩 겹쳐 붙여요.

03 04와 같은 모양으로 만들어요.

04 완성. 윗부분을 몸체 안쪽에 붙여요.

▶ How To... 휴지 케이스 조립

01 몸체에 윗부분을 붙여요.

02 문양을 붙여요. 휴지 케이스 완성.

▶ How To... 응용 : 정사각형 조립

종이 크기 **몸체** □ 펄바둑지 금색 25×25cm 4장 **몸체 윗부분** □ 펄바둑지 금색 12.5×9cm 4장 □ 펄바둑지 미색 12.5×8cm 4장 **문양** □ 펄바둑지 금색 8×8cm 4장 □ 펄바둑지 금색 5×5cm 4장 **문양 바닥** □ 펄바둑지 미색 6×6cm 4장 □ 펄바둑지 미색 4×4cm 4장 **기타 재료** □ 우드락 본드 □ 미색 구슬

01 빗금 친 부분에 풀칠하고 4장 겹쳐 붙여요.

02 빗금 친 부분에 풀칠하고 겹쳐 정사각형 형태로 만들어요.

03 정사각형 완성.

부케

예쁜 색종이로 꽃 부케를 만들어
화사한 봄을 느껴 보세요.

종이 크기　바구니 A □ 펄바둑지 흰색 17×17cm 1장　　작은 바구니 A □ 펄바둑지 흰색 5×5cm 2장　　바구니 B □ 펄바둑지 분홍 16×16cm 1장
　　　　　작은 바구니 B □ 펄바둑지 분홍 4.5×4.5cm 2장　　꽃무늬 색종이 5×5cm 30~40장
기타 재료　□ 색색 구슬　□ 큰 레이스　□ 작은 레이스　□ 하트 구슬줄　□ 스팡클　□ 리본 2종류　□ 꽃 장식　□ 양면테이프　□ 스티로폼　□ 흰 철사

▶ How To... 바구니

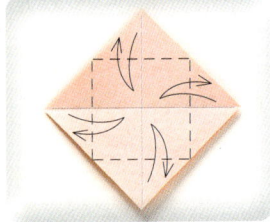
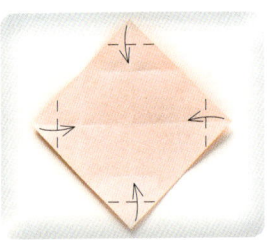
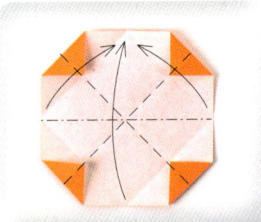

01 삼각접기를 양방향 접었다 편 후 중심에 맞춰 접었다 펴요.
02 접기선에 맞춰 접어 03과 같이 돌려요.
03 삼각주머니를 접어요.
04 안쪽에 있는 종이를 서로 당겨서 풀칠해요.

05 04의 중간 과정.
06 완성. 작은 바구니 2개를 더 접어요.
07 양면테이프를 사용하여 레이스를 붙여요. 작은 바구니도 만들어요.
08 바구니 완성. 작은 스티로폼을 양쪽에 끼우고 하트 구슬을 손잡이와 바구니 중심, 앞뒤에 붙여요.

▶ How To... 꽃

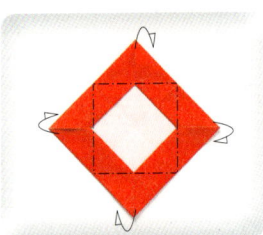
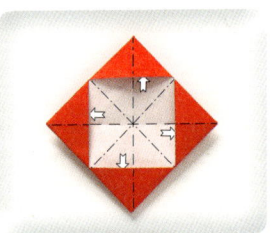

01 바구니 02에서 시작해요. 같은 방향으로 계속 접어요.
02 뒤로 접어 03과 같이 돌려요.
03 화살표 사이로 펼쳐 입체 모양으로 모아요.
04 03 중간 과정.

05 완성. 많이 접어요.
06 흰 철사에 구슬을 끼워 붙이고 꽃에 꽂아요.
07 꽃 완성. 꽃을 바구니에 꽂고 스팡클로 장식해요.
08 레이스를 붙인 바구니에 리본을 만들어 붙이고 그 위에 꽃 장식을 붙여요. 부케 완성.

포푸리 모자

타공지의 특성을 살린 모자를 접어요.
포푸리를 넣으면 향기롭고 은은한 꽃향기로 가득 채워져요.

종이 크기 ☐ 모자 ☐ 타공지 18×18cm 1장   ☐ 꽃 ☐ 꽃나래 하모니 4 7.5×7.5cm 1장
기타 재료 ☐ 리본 테이프 ☐ 구슬줄 ☐ 빵끈 ☐ 레이스 18cm ☐ 비즈 ☐ 포푸리

▶ How To... 모자

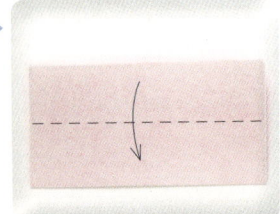
01 색이 안으로 오도록 양쪽 사각으로 접은 후 앞 장만 아래로 접어요.

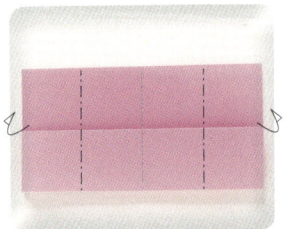
02 중심선에 맞춰 뒤로 접고 뒤집어요.

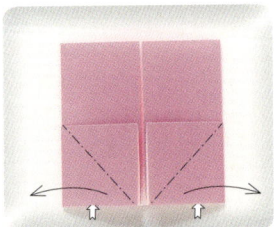
03 펼쳐 눌러 접어요.

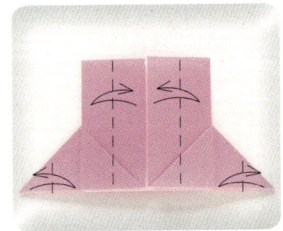
04 접었다 펴요.

05 사선으로 접었다 펴요.

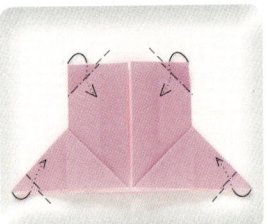
06 안쪽으로 접기해요.

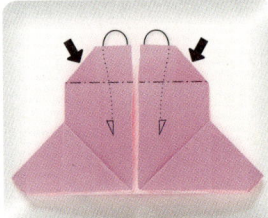
07 08 모양이 나오도록 뒤로 접어요.

08 07 접은 모양

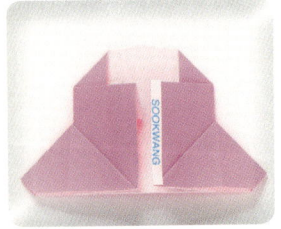
09 양면테이프를 붙여 당겨 고정한 뒤 뒤집어요.

10 09 뒤집은 모양.

11 양면테이프로 레이스와 리본 테이프를 붙여요.

12 리본 테이프로 크고 작은 리본을 묶고 꽃에 비즈를 붙여 모자에 붙여요.

13 구슬줄로 고리를 만들어 붙이고 포푸리를 망에 담아 빵끈으로 고리를 만들어 고정해요.

14 모자 완성.

▶ How To... 응용 : 바구니

종이 크기 바구니 □ 타공지 18×18cm 1장   **기타 재료** □ 레이스 □ 방향제 원두 □ 꽈배기 줄

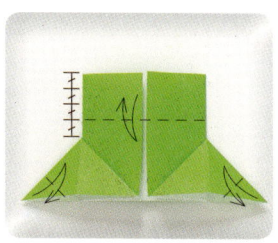
01 모자 03에서 시작해요. 등분과 간격을 보고 접었다 펴요.

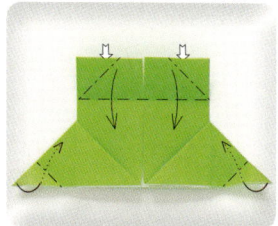
02 기호대로 접어서 03과 같이 만들어요.

03 아래로 접어요.

04 모자 09와 같이 빗금 친 부분을 붙이고 03 부분도 붙여서 뒤집어요.

05 바구니 완성.

06 레이스를 붙이고 줄을 2줄 꼬아 손잡이를 붙여요.

07 리본 테이프와 구슬줄로 리본을 묶고 하트를 붙여요.

08 방향제 원두를 넣은 모습.

▶ How To... 응용 : 꽃

종이 크기 □ 무늬 색종이 7.5×7.5cm 1장

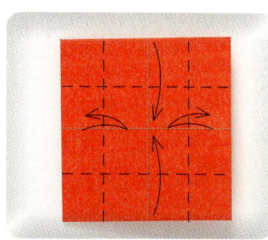
01 방석접기를 접은 후 뒤집어 시작해요. 양옆을 접었다 펴고 위아래는 중심선에 맞춰 접어요.

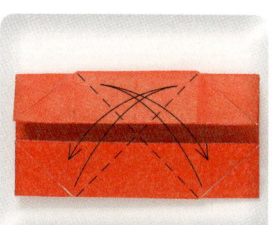
02 점선대로 접었다 펴요.

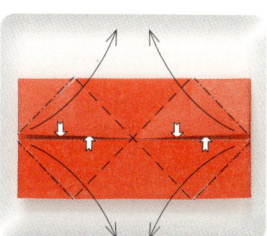
03 펼쳐 눌러 접어요.

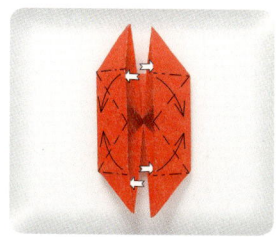
04 펼쳐 눌러 접어요.

05 04의 기호대로 접은 후 06과 같이 뒤집어요.

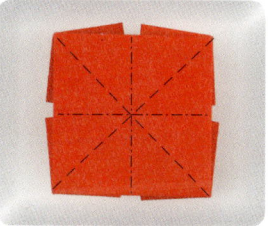
06 07 모양이 되도록 삼각주머니 형태로 모아 접어요.

07 뒤집어서 08과 같이 꽃잎을 손질해요.

08 꽃 완성.

▶ How To... 응용 : 꽃 장식

종이 크기 꽃 □ 무늬 색종이 7.5×7.5cm 1장　　**기타 재료** □ 꽃심　□ 철사　□ 하트 틀　□ 인조 풀

01 꽃 07에서 안쪽 세모를 모두 잡아 빼서 세운 다음 뒤집어요.　　02 중심에 꽃심과 철사를 끼워 붙여요.　　03 꽃 완성.　　04 꽃을 활용한 하트 꽃 완성.

How To... 응용 : 꽃받침

종이 크기 □ 색종이 7.5×7.5cm 1장

01 215쪽 휴지 케이스의 문양 02부터 시작해요. 중심선에 맞춰 접었다 펴요.　　02 선대로 접으세요.　　03 02의 기호대로 접은 후 04와 같이 뒤집어요.　　04 선대로 모으고 빗금 친 부분을 풀칠해 붙여요.

05 (응용) 꽃받침 완성.　　06 응용 꽃 장식 03을 꽃받침에 끼워요(꽃받침 활용 예).　　07 꽃받침을 끼운 꽃 완성.

How To... 응용 : 잎사귀

종이 크기 □ 색종이 7.5×3.75cm 1장　　**기타 재료** □ 가는 철사

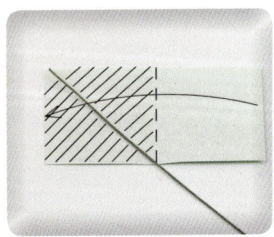   

01 빗금 친 부분에 풀칠한 뒤 가는 철사를 올려 02와 같이 붙여요.　　02 잎사귀 모양으로 오려요.　　03 오린 모양. 잎사귀 완성.　　04 꽃받침에 끼운 꽃과 잎사귀를 모아 꽃다발을 만들어요.

화병과 꽃

화병과 꽃이 어우러져 멋스러워요.
아름다운 실내 장식을 할 수 있어요.

PART 3. 엄마가 접는 종이접기

종이 크기 **화병** ☐ 무늬 포장지 15×15cm 2장 ☐ 배색 색종이 15×15cm 2장 **바닥 종이** ☐ 무늬 포장지 또는 배색 색종이 6×6cm 1장 **꽃** ☐ 색종이 5×5cm 5장 **잎사귀** ☐ 초록 색종이 2장

기타 재료 ☐ 철사 ☐ 꽃 테이프

▶ How To... 화병

01 아이스크림접기에서 시작해요. 배색 종이를 1장 더 접어요.

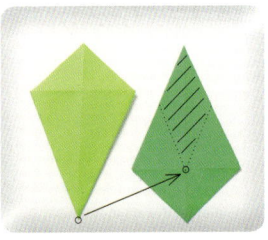
02 빗금 친 부분에 풀칠해서 겹쳐 붙여요.

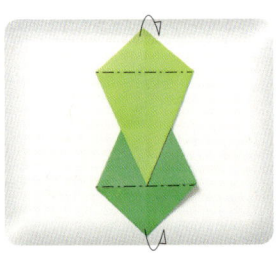
03 뒤로 접어요.

04 접기선에 맞춰 접었다 펴요.

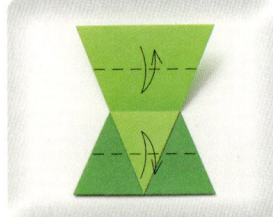
05 04의 선에 맞춰 접었다 펴요.

06 05의 기호대로 접은 후 07과 같이 뒤집어요.

07 접기선에 맞춰 접었다 펴요.

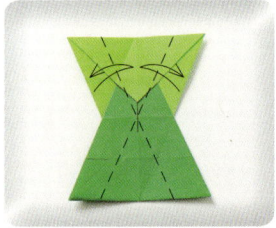
08 07의 선에 맞춰 접었다 펴요.

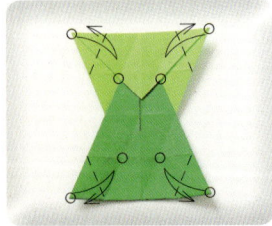
09 O와 O를 맞춰 접었다 펴요.

10 09의 기호대로 접은 후 11과 같이 뒤집어요.

11 01~10까지 같은 방법으로 1개를 더 만들어요.

12 엇갈려 끼워 붙여요.

13 끼워서 입체로 세워요.

14 끼운 모양.

15 바닥 종이는 방석접기 2번을 해서 붙여요.

16 화병 완성.

▶ How To... 꽃

 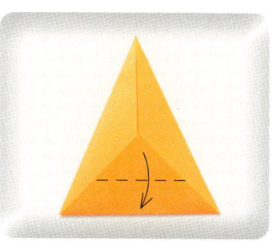  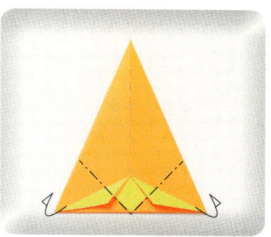

01 아이스크림접기에서 시작해요.
02 위에서 아래로 접어 내려요.
03 사선으로 접어 내려요.
04 중심선에 맞춰 뒤로 접어요.

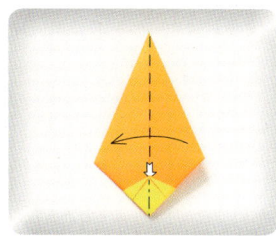   

05 펼쳐 눌러 접어요.
06 같은 방법으로 4장 더 접어요.
07 빗금 친 부분을 모두 겹쳐 붙이고 꽃잎을 손질해요.
08 꽃 완성. 222쪽 포푸리 모자의 응용 잎사귀를 만들어 철사를 끼워 붙이고 꽃과 연결해요.

▶ How To... 화병과 꽃 조립

01 철사를 끼운 뒷모습.
02 꽃 완성. 완성된 꽃이 움직이지 않도록 철사로 말아서 화병에 꽂아요.
03 화병과 꽃 완성.

▶ 추가 아이디어!!

접기 방법과 종이를 다르게 사용하면 다양한 화병을 만들 수 있어요.

수선화

수선화 꽃은 실내를 환하게 해 줘요.
봄 분위기가 물씬 나네요.

TIP 집에 있는 화초에 꽂아서 꾸며 보기도 하고, 단단한 종이를 사용해 액세서리로도 만들어 보세요.

종이 크기 ☐ 무늬 색종이 5×5cm 또는 7.5×7.5cm(원하는 크기로 준비)
기타 재료 ☐ 철사 ☐ 인조 잎사귀 ☐ 화분

▶ How To... 수선화

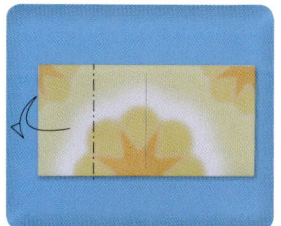
01 가로세로 사각접기한 뒤 시작해요. 뒤로 접었다 펴요.

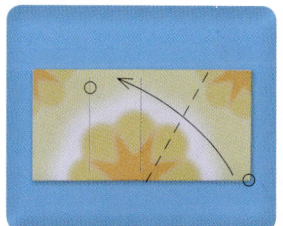
02 O와 O를 맞춰 접어요.

03 뒤로 접어요.

04 양끝을 연결해서 잘라요.

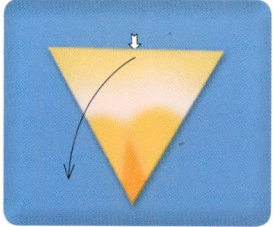
05 사진의 화살표대로 펼쳐요.

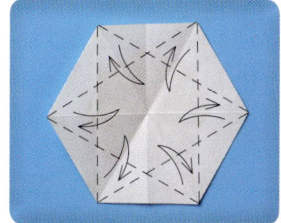
06 접기선에 맞춰 접었다 펴요.

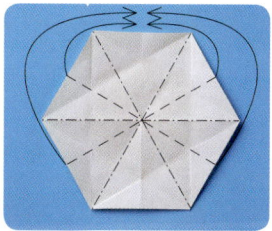
07 삼각주머니 모양으로 뒤로 모아요.

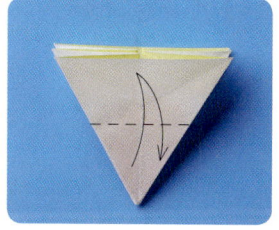
08 접기선에 맞춰 접었다 펴요.

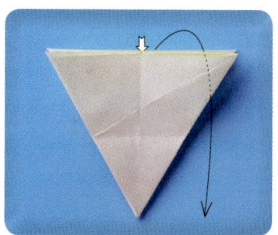
09 뒤쪽을 펼쳐요.

10 기호대로 모아서 11과 같이 만들어요.

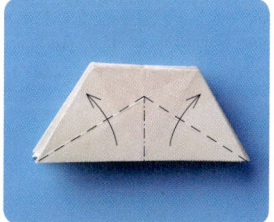
11 06의 접기선을 이용해서 12와 같이 입체로 만들어요.

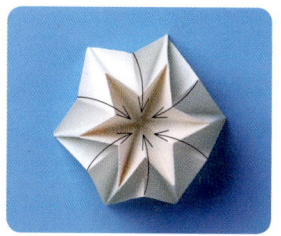
12 중심을 오므리면서 뒤쪽을 14와 같이 만들어요.

13 12의 기호대로 접은 후 14와 같이 뒤집어요.

14 꽃잎을 벌려서 손질해요.

15 꽃 접기 완성. 뒤쪽 중앙에 철사를 붙이고 인조 잔디를 끼워 화분에 꽂아요.

16 수선화 완성.

선인장

비어 있는 바구니와 화분을 재활용해서
나만의 인테리어 장식을 해 보세요.

TIP 크기를 줄여 가며 여러 개를 접으면 더욱 풍성한 선인장을 만들 수 있어요.

종이 크기 **선인장** □ 초록 색종이 15×15cm 3장(나머지 원하는 크기로 줄여가면서)   **꽃** □ 염색 한지 7.5×7.5cm의 1/4 6장
기타 재료 □ 속을 채운 화분 또는 바구니   □ 꽃심 약간

▶ How To... 선인장

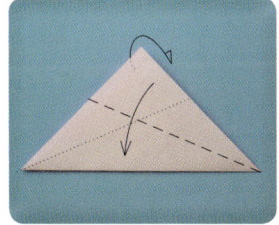

01 색이 안으로 오도록 삼각접기에서 시작해요. 앞뒤 모두 접은 뒤 돌리세요.

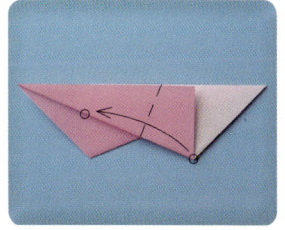

02 ㅇ와 ㅇ를 맞춰 접어요.

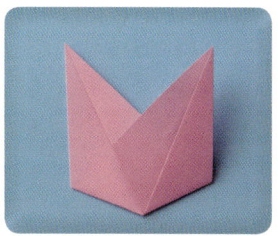

03 02의 기호대로 접은 후 04와 같이 뒤집어요.

04 위 1장만 남기고 안으로 끼워 넣어요.

05 같은 방법으로 2장을 더 접어 뒤집어요.

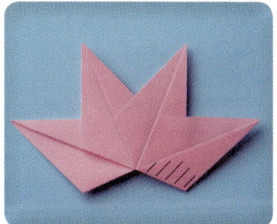

06 빗금 친 부분에 풀칠해서 겹쳐 붙여요.

07 붙인 모양. 같은 방법으로 1개 더 만들어서 엇갈려 끼워 붙여요.

08 꽃 완성.

09 사각주머니접기에서 시작해요. 앞뒤 모두 접었다 펴요.

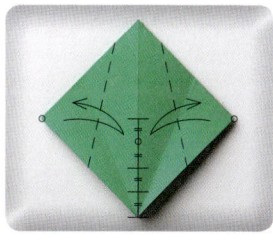

10 중심에서 1/4 지점에 맞춰 모두 접었다 펴요.

11 모두 안쪽으로 접어요.

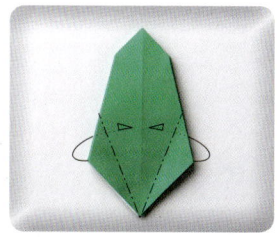

12 모두 각각 안으로 접어 넣어요.

13 반 접어요.

14 같은 방법으로 2장을 더 접어 빗금 친 중심에 풀칠하고 3개 조립해요.

15 선인장 완성. 꽃 중앙에 꽃심을 끼워 선인장에 붙이고 화분에 꽂아요.

16 선인장 화분 완성.

연꽃 캔들 홀더

연꽃 캔들 홀더에 향초를 태우면서 그윽한 차 한 잔을 마셔요.
우아한 분위기를 연출할 수 있어요.

TIP 펜던트에 붙이고 투명 에나멜을 2번 발라요.

종이 크기 연꽃 □ 무늬 색종이 11.8×11.8cm 1장   **받침** □ 초록 색종이 15×15cm 1장
기타 재료 □ 플라스틱 육각 컵 받침   □ 바탕지

▶ How To... 연꽃 캔들 홀더

01 11쪽 기본 접기 방법의 꽃접기 기본형 두 번째 과정까지 접은 후 모두 잘라요.

02 등분을 접었다 펴요.

03 앞으로 접어요.

04 뒤로 접으며 앞을 펴요.

05 06과 같이 펴요.

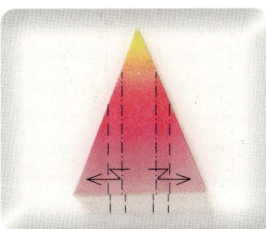

06 안으로 계단접기해요.

07 나머지도 03~06과 같은 방법으로 접어요.

08 아랫부분을 펼치면서 모두 같은 방향으로 접어요.

09 08 중간 과정.

10 중심 부분을 비틀면서 펼쳐 놓으러 11과 같이 만들어요.

11 모두 접었다 펴서 안쪽으로 접어 줘요.

12 모두 뒤로 접어요.

13 완성. 초록색도 같은 방법으로 접어 받침으로 써요.

14 연꽃 완성. 컵 받침을 끼워 넣어요.

15 캔들 홀더 완성.

전통 문양 책갈피

나만의 전통 문양 책갈피로 페이지를 표시해요.
마음의 양식도 함께 자라요.

TIP 비녀로도 만들어 머리에 꽂아 보세요.
투명 매니큐어를 2번 정도 칠하면 장기간
사용 가능해요.

종이 크기 ☐ 양면 색종이 7.5×7.5cm 2장   ☐ 양면 배색 색종이 5×5cm 2장
기타 재료 ☐ 북마크

▶ How To... 전통 문양 책갈피

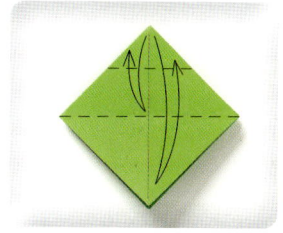
01 사각주머니접기에서 시작해요. 접었다 펴요.

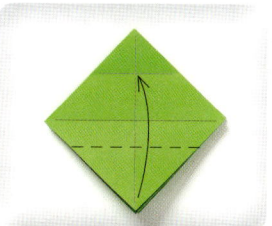
02 기호대로 접어요.

03 ㅇ와 ㅇ를 맞춰 접고 뒤집어요.

04 나머지 3곳도 02와 같은 방법으로 접어요.

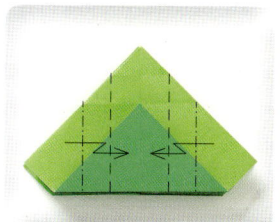
05 계단접기해요.

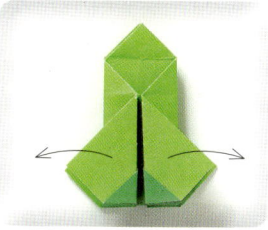
06 07과 같은 모습으로 펴요.

07 함몰접기해요.

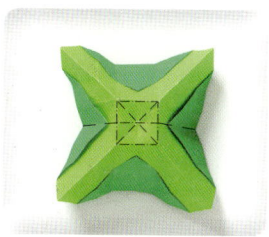
08 중간 과정. 중심 부분을 밀어 넣으면서 09와 같이 만들어요.

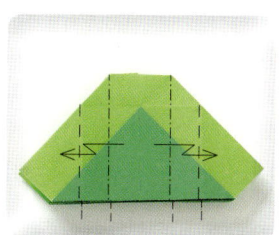
09 모두 안으로 계단접기해요.

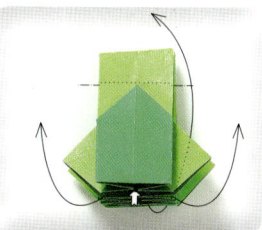
10 펼쳐 눌러 접어 11과 같이 만들어요.

11 윗장만 접어요.

12 아랫부분 안쪽으로 접어요.

13 접었다 펴서 안쪽으로 접어요.

14 아랫부분은 뒤로 접고 중심 부분을 입체로 만들어요.

15 완성. 다른 크기로 서로 겹쳐 붙이고 같은 방법으로 1개 더 만들어 키홀더에 앞뒤로 겹쳐 붙여요.

16 책갈피 완성.

코사지

나만의 코사지로 기분 좋은 외출을 해요.
오늘 하루, 멋쟁이 패션 스타랍니다.

TIP 오래된 퍼퓸으로 디퓨져를 만들어 써 보세요.

종이 크기 ☐ 에코클로스 15×15cm 1장　☐ 에코클로스 8×8cm 1장
기타 재료 ☐ 코사지판　☐ 끈과 약간의 장식품

▶ How To... 꽃

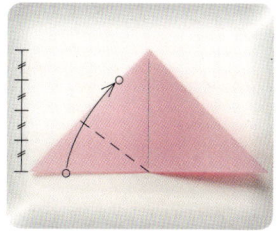

01 삼각접기에서 시작해요. 1/4을 찾아서 ○와 ○를 맞춰 접어요.

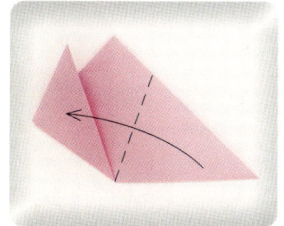

02 각을 2등분해요.

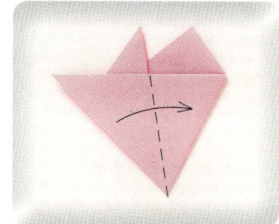

03 각을 2등분해요.

04 뒤로 접어요.

05 직각으로 접었다 편 후 잘라요.

06 펼쳐서 뒤집어요.

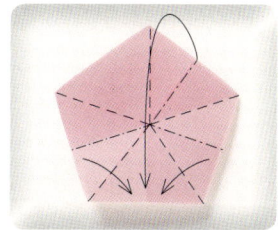

07 삼각주머니 모양으로 모아요.

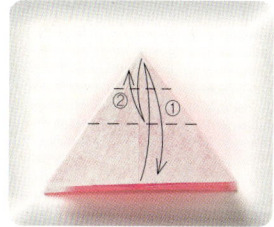

08 순서대로 접었다 펴서 펼쳐요.

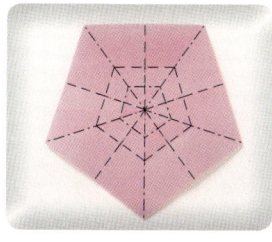

09 기호를 잘 보고 11과 같이 모아요. 이때 안쪽 오각 뒤쪽에 풀칠해요.

10 09 중간 과정.

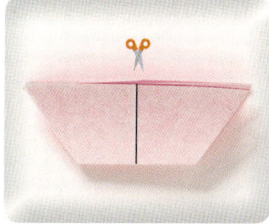

11 같은 위치 5군데를 잘라요.

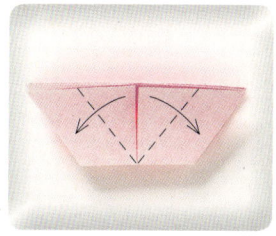

12 끝에 닿게 접어요. 꽃잎 크기는 여기서 조절해요.

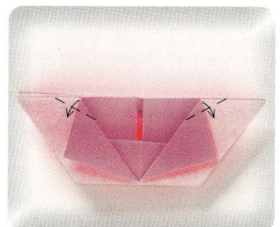

13 양쪽 대칭 맞춰 접어요.

14 나머지도 12, 13과 같은 방법으로 접어요.

15 끝 부분을 밖으로 뒤집어 접어요.

16 꽃잎을 벌려서 손질해요.

17 꽃 완성.

▶ How To... 코사지 조립

01 긴 끈은 문접기한 후 손질해서 액세서리 판에 붙이고 기타 장식도 붙여요.

02 꽃을 붙여요.

03 코사지 완성.

▶ How To... 디퓨져 조립

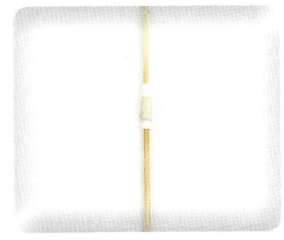  

01 안 쓰는 대발을 분리해서 종이 꽃이 젖지 않도록 빨대를 끼워서 꽃을 붙여요.

02 막대에 꽃을 붙인 뒷모습. 남은 향수와 소독용 에탄올 비율을 1:4로 디퓨져를 만들어 써 봐요.

03 디퓨져 완성.

▶ 추가 아이디어!!

다른 재질의 종이로 코사지를 만들어 봐요. 다양한 액세서리 연출을 할 수 있어요.

럭셔리 가방

고급스럽고 튼튼한 가방을 만들어
내 아이의 외출을 즐겁게 해 주세요.

TIP 다양한 종이를 사용하고 크기와 장식을 자유롭게 해서 멋진 디자이너가 되어 보세요.

237
PART 3. 엄마가 접는 종이접기

종이 크기 **가방** □ 가죽지 54×54cm 1장　**손잡이** □ 가죽지 25×5cm 2장
기타 재료 □ ND 자석　□ 다양한 장식품

▶ How To... 럭셔리 가방

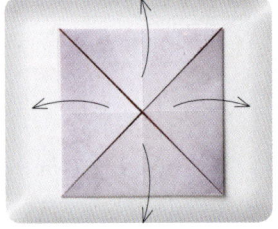
01 양쪽 삼각접기, 사각접기를 접은 뒤 색이 안으로 오도록 방석접기를 접었다 펴요.

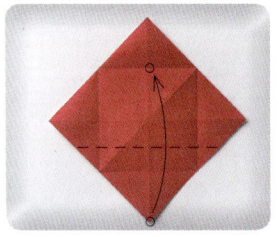
02 ㅇ와 ㅇ를 맞춰 접어요.

03 나머지도 02와 같은 방법으로 접었다 펴요.

04 05와 같이 뒤집어요.

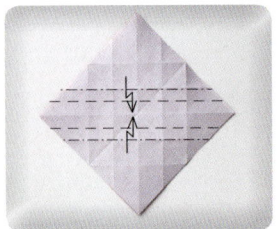
05 중심선에 맞춰 계단접기해요.

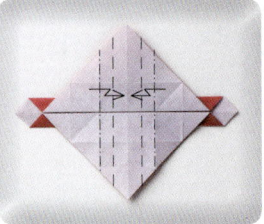
06 중심선에 맞춰 계단접기해요.

07 중심점에 맞춰 접어요.

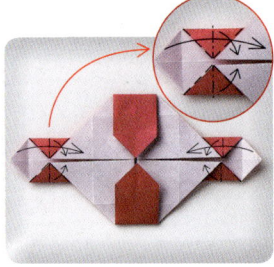
08 사각주머니 모양으로 접어요.

09 주머니 안으로 끼워 넣어요. 이때 ㅇ 안쪽에 ND 자석과 철판을 끼워 붙여요.

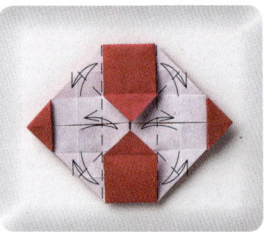
10 접었다 펴요.

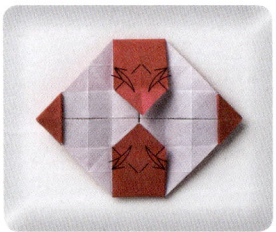
11 아래쪽도 같이 접었다 펴요.

12 13과 같은 모습으로 펴요.

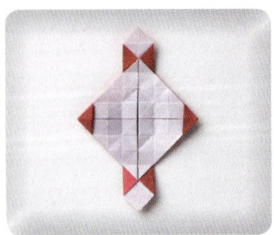
13 12의 기호대로 접은 후 14와 같이 뒤집어요.

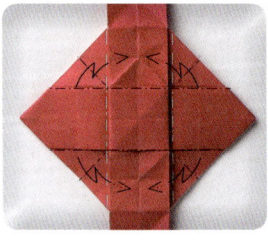
14 13 확대. 중심 부분을 기호대로 모아서 입체로 만들어 줘요.

15 계단접기한 것을 끼워 넣어요. 중간 과정.

16 15 중간 과정(끼우는 모습).

17 나머지도 14~16과 같은 방법으로 접어요.

18 안으로 접어 넣어요.

19 11의 접기선대로 손질해서 입체로 만들어요.

20 가방 접기 완성.

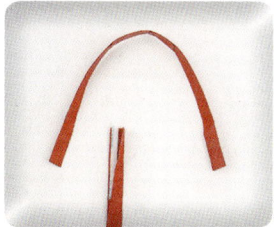 

21 손잡이는 문접기해서 반 접어 가방에 붙이고 디자인은 원하는 대로 해요.

22 럭셔리 가방 완성.

▶ 추가 아이디어!!

호피 무늬 포장지와 패브릭을 이용해 개성 있는 나만의 가방을 만들어요.

작가 창작 리스트

김남희
1장 : 배 접시, 귀여운 강아지 1, 귀여운 강아지 2, 돼지 슬리퍼, 리본 가방, 꽃게, 나비와 튤립, 서 있는 산타클로스
2장 : 귀여운 소녀, 시계 집, 집 화단, 네잎꽃, 산책하는 소녀, 동물 명함 꽂이, 육각 문양 상자, 한 장 상자,
3장 : 향기 복주머니, 산타 사각함, 미니 사진첩

김항규
1장 : 문구 왕국 수납 꽂이, 곰돌이 메모판
2장 : 벽걸이 장식 액자, My Car 스프링 인형, 하우스 다용도 걸이, 해바라기 시계, 메모 홀더 꽂이, 공 접기를 이용한 동물 놀이, 유니트 딱지 접기, X-mas 리스, X-mas 카드, X-mas 트리
3장 : 밸런타인 리스, 부활절 달걀 바구니, X-mas 장식 리스, X-mas 선물 가방, 휴지 케이스, 부케

윤선옥
1장 : 사탕 액자, 하트 메모 꽂이, 하트 가방, 앉아 있는 소녀, 인형 상자, 팽이
2장 : 모빌, 문양 부채, 신년 카드, 밸런타인데이 선물 상자, 카네이션
3장 : 전통 떡함, 휴대 전화 거치대, 화병과 꽃, 수선화, 선인장, 연꽃 캔들 홀더, 전통 문양 책갈피, 코사지, 럭셔리 가방

이명신
1장 : 동물 전화기, 꽃 바람개비, 사탕 집, 물고기 모빌, 곰돌이 고미, 고양이 미요, 메모 꽂이 꽃, 다람쥐 다트판, 자동차 부릉이, 산타 바구니
2장 : 거울 서랍장, 리본, 복조리
3장 : 엄마가 꾸며 주는 내 아이 생일 파티(파티 모자, 별 접시, 병아리 상자, 날개 하트, 개구리 피리), 미니 경대, 상품권 봉투, 포푸리 모자